Trude Ausfelder

TYPISCH MÄDCHEN!

Alles, was **JUNGEN**
über Mädchen wissen wollen

Trude Ausfelder

TYPISCH MÄDCHEN!

Alles, was **JUNGEN**
über Mädchen wissen wollen

Umschlaggestaltung:	Patricia Fuchs, AVR, München
Fotos/Illustrationen:	fotolia.com/thinkstockphotos.de
Gestaltung:	Oberstebrink, Sigrun Borstelmann, München
Redaktion:	Oberstebrink
Satz und Layout:	Sigrun Borstelmann, München
Herstellung:	Publikum Belgrad
Verlag:	Oberstebrink c/o Körner Medien UG Braunaugenstr. 20, 80939 München Tel. 089/33095656, Fax 089/33095473 koerner@koerner-medien.de www.oberstebrink.de

ISBN: 978-3-934333-46-8

INHALTSVERZEICHNIS

In diesem Buch geht es um viele Dinge, die Jungen über Mädchen wissen wollen. Ein großer Teil davon ist aber auch auf erwachsene Frauen übertragbar. Der besseren Lesbarkeit halber ist daher nicht immer nur von »Mädchen« die Rede, sondern auch von »Frauen«, bzw nicht nur von »Jungen«, sondern auch von »Männern«.

VORAB EIN PAAR PERSÖNLICHE WORTE

Was für ein tolles Mädchen! Ein supersüßes Girl! Du bist bis über beide Ohren verliebt in sie – und nicht nur du. Auch andere Jungs bekommen Stielaugen, wenn sie auftaucht. Kein Wunder, bei diesem Aussehen! Du kannst die Augen kaum noch von ihr abwenden. Sie macht dich tierisch an, bringt dich geradezu um den Verstand und du überlegst, wie du an sie rankommen könntest, ehe sie dir ein anderer wegschnappt.

Aber als du endlich bei ihr gelandet bist, ist längst nicht alles in Butter! Sie sagt, dass sie dich liebt. Doch wenn du mit ihr kuschelst und sie an bestimmten Stellen anfasst, dann zuckt sie schnell zurück. Dabei hat sie erst so getan, als würde sie auch wollen. Also, was nun? Ja oder nein? Aber so einfach ist das nicht mit einem Mädchen. Sie sagt nicht Ja oder Nein. Jetzt will sie vielleicht ein bisschen – eine Minute später wieder nicht. Es kommt auch darauf an, was sie gerade fühlt. Aber woher sollst du das wissen?

Auf jeden Fall will sie, dass du ausführlich um sie wirbst, ihr schmeichelst und nicht gleich über sie herfällst. Mädchen wollen spielen, bevor es zur Sache geht. Da sind dein Gespür und deine Geduld gefragt. Das mag dir ganz schön kompliziert erscheinen, aber keine Panik! Im Laufe der Zeit wirst du lernen, damit umzugehen.

Sie ist sauer, dass du nicht merkst, wonach sie sich gerade sehnt. Als könntest du ihre Gedanken lesen! Was will sie eigentlich?, fragst du dich genervt.

Spätestens jetzt merkst du, dass es ganz anders mit ihr ist, als du es dir vorgestellt hast. Es ist viel schwieriger, viel unbegreiflicher, als du dachtest. Du glaubst, alles für sie zu tun – und dennoch hast du immer wieder das Gefühl, alles falsch zu machen.

Das ist ein Grund, weshalb es dieses Buch gibt. Hier erfährst du alles über Mädchen: wie sie sind, was sie fühlen, denken und erwarten. Und warum sie so oft etwas wollen, was du überhaupt nicht nachvollziehen kannst. Auch wenn aus Mädchen Frauen werden, ändert sich daran meist nicht viel. Frag ruhig mal deinen Vater oder auch deine Mutter, sie werden dir dazu sicher einiges erzählen können. Viel Positives, aber auch Negatives.

Die wichtigsten Fragen, die dir in Sachen Mädchen auf den Nägeln brennen, habe ich für dich zusammengestellt und versucht, Antworten darauf zu geben – amüsante, unterhaltsame, interessante, realistische und ernste. Damit du genau weißt, welchen Fisch du an der Angel hast, wenn du frisch verliebt bist.

München, 2014

Trude Ausfelder

1. ES KRIBBELT! DER SCHÖNE WAHNSINN, SICH ZU VERLIEBEN

WAS PASSIERT, WENN MAN SICH VERLIEBT? WOHER KOMMEN DIE SCHMETTERLINGE IM BAUCH?

Welch schönes, kribbelndes Gefühl! Du kommst dir vor, als wärst du nicht mehr von dieser Welt, kannst kaum noch schlafen, nicht mehr klar denken, die Schule wird zur Qual. Wenn deine Eltern etwas wollen, fühlst du dich sofort genervt. Sie haben doch gar keine Ahnung, was in dir los ist, denn du willst nicht darüber reden. Wie sollst du die Schmetterlinge in deinem Bauch auch beschreiben? Das alles gehört dir, nur dir allein, und du willst es genießen und träumst schon von viel mehr.

Hätte ich sie doch gefragt, ob sie sich mit mir treffen will, grübelst du. Hätte, hätte, hätte. Dabei kennst du sie noch nicht einmal richtig und denkst dich bereits in alle möglichen Lebenslagen mit ihr hinein. Jeden kleinen Blick, jede Geste, jede Regung von ihr rufst du in deine Erinnerung zurück. Sie hat dir einen Kaugummi angeboten neulich in der Disco, das hätte sie doch nicht gemacht, wenn du sie nicht interessieren würdest. Sie muss dich also mögen, und vielleicht sogar ein bisschen mehr als das. Ihr knappes Oberteil, das hat dich voll angemacht. Am liebsten hättest du gleich hingefasst, aber du hast es natürlich nicht getan. Du bist ja schließlich kein rücksichtsloser Aufreißertyp. Du weißt: Sie muss das auch wollen, und außerdem willst du ja nicht nur Sex mit ihr. Du bist in erster Linie total verknallt!

Das ist der aufregendste, göttlichste und manchmal auch unerträglichste Zustand, den ein fühlender Mensch durchleben und durchleiden kann. Aber: Was du jetzt empfindest, entsteht in deinem Körper und hat nicht viel mit der Frau zu tun, um die es dir geht – auch wenn sie der Auslöser all dessen ist. In dem Moment, in dem du von ihr so angetan bist, setzt dein Körper eine Kettenreaktion in Gang, sofort werden deine Lustzentren aktiv. Dagegen stellen die für die Traurigkeit zuständigen Regionen im Gehirn ihre Arbeit ein. Deshalb sehen Verliebte die Welt mit anderen Augen und schweben auf rosaroten Wolken.

Dafür verantwortlich ist ein Cocktail aus chemischen Botenstoffen, den sogenannten Neurotransmittern. Sie werden in großen Mengen im Gehirn freigesetzt und überschwemmen die Blutbahnen von Frischverliebten. Dabei werden im Gehirn vor allem die für Freude, Genuss, Neugier, Lust und Abenteuer zuständigen Regionen aktiviert. Funktionen wie Merkfähigkeit, Aufmerksamkeit und die Fähigkeit, komplizierte Aufgaben zu lösen, werden dagegen deaktiviert.

Durch das Abschalten solcher Spielverderber wie Angst oder Sorge vor Hindernissen bist du in der Lage, den anderen und seine Gefühle genau kennenzulernen. Äußeres wird erst einmal ignoriert, für dich zählt nur, was sie fühlt und ob das mit deinen Gefühlen vereinbar ist. Und wenn diese inneren Vorgänge passen, dann lässt sich auch über mehr nachdenken.

Das Stresshormon Cortisol flutet durch die Adern, bei Mädchen steigt das Männlichkeitshormon Testosteron leicht an. Sie sind aktiver, selbstbewusster und mutiger. Bei Jungen dagegen sinkt das Testosteron ein wenig ab, sie werden einen Hauch weiblicher und tun Dinge, die sie sonst gar nicht mögen. So wie sich die Hormonspiegel von Mädchen und Jungen annähern, hoffen sie auch, sich einander anzunähern.

Doch diese Harmonie der Hormone lässt nach. Leider! Und dann sieht man sich plötzlich mit viel realistischeren Augen und erkennt oft, dass vieles gar nicht so einfach ist, wie man es sich erträumte.

WIE FINDE ICH EIN MÄDCHEN, DAS MICH LIEBT?

Es wurmt dich, wenn viele Jungen um dich herum eine Freundin haben, und du bist noch solo. Wie ein Aussätziger kommst du dir vor, den keine will. Kleiner Trost am Rande: Mädchen geht es in dieser Situation ganz ähnlich. Überall knutschende Pärchen, das Leben kann so ungerecht sein! Dabei hättest du auch so gern eine Freundin, mit der du kuscheln kannst, die mit dir lacht und die dich einfach lieb hat. Aber keine interessiert sich für dich. Noch nicht ...

Nico (15):
»Mein bester Kumpel hat seit Kurzem eine Freundin. Wenn ich die zwei zusammen sehe, bin ich richtig neidisch. Solange er auch keine hatte, ging es mir besser. Er sagt, das sei voll cool, ein Mädchen im Arm zu halten, das sich dann an ihn lehnt und geküsst werden will. Das würde mir auch total gut gefallen. Ich frage mich allmählich, ob ich etwas an mir habe, was Mädchen stört. Vielleicht bin ich zu schüchtern? Mein Kumpel geht viel mehr ran, mehr wie ein Macho. Aber ich kann das nicht so.«

Die Suche nach einer Freundin kann eine schwierige Angelegenheit sein. Enttäuschungen kommen dabei weitaus öfter vor als Glückstreffer. Da ist es kein Wunder, wenn du mal keine Lust mehr hast und dich lieber mit einem Computerspiel vergnügst. Doch richtig zur Ruhe findest du so nur kurzfristig, denn du merkst schnell: Wenn du nichts unternimmst, passiert gar nichts. Sie kommt nicht von selbst und klopft an deine Tür. Du musst schon etwas dafür tun, wenn du ein Mädchen für dich gewinnen willst.

Frage dich ehrlich, woran es liegen könnte, dass du noch solo bist. Warum hast du keine Beziehung wie deine Kumpels, obwohl du dir nichts sehnlicher wünschst?

HIER EIN PAAR TIPPS, WIE DU LANDEN KÖNNTEST:

- Möglicherweise hast du Angst, auf andere Menschen zuzugehen. Dann versuche, deine Schüchternheit zu überwinden. Die meisten Mädchen haben Verständnis dafür und finden es sogar gut, wenn du offen sagst, dass du gerade richtig Herzklopfen hast, weil du eigentlich nicht so der Anmach-Typ bist. Das finden viele total süß.
- Könnte es sein, dass du zu hohe Ansprüche hast, die keine erfüllen kann? Nicht jedes Mädchen ist ein Model-Typ. Wenn dir kein Mädchen hübsch genug ist, wirst du noch lange alleine sein. Was ist mit der, die Humor hat, dich zum Lachen bringt, dich respektiert und ehrlich ist zu dir? Gib ihr doch eine Chance! Wer eine Beziehung eingeht, muss immer auch kompromissbereit sein. Nobody is perfect!

- Von nichts kommt nichts. Du musst schon ein bisschen Einsatz bringen, wenn du eine Freundin finden willst. Auch wenn viele Mädchen heute die Initiative ergreifen, solltest du nicht darauf warten. Es steht dir gut und macht Eindruck, wenn du aktiv wirst. Außerdem gibt es dir selbst ein gutes Gefühl, wenn du die Dinge in die Hand nimmst.
- Sprich ein Mädchen, das dir gefällt, nur an, wenn sie gerade alleine ist. Steht sie mit einer Freundin zusammen, lass es lieber erst mal sein, und warte eine günstigere Gelegenheit ab. So gehst du dem Risiko aus dem Weg, dass die beiden dich veräppeln oder dumm anreden.
- Wenn Mädchen zu zweit sind, hast du als Junge, der an einer der beiden interessiert ist, einen schweren Stand. Denn die, von der du nichts willst, hat wahrscheinlich keine Lust, zuzusehen, wie du versuchst, ihr die Freundin auszuspannen – und sie sitzt dann alleine da. In solchen Situationen kann manches Mädchen verdammt giftig werden. Da ist also Vorsicht angebracht.
- Es gibt aber auch die andere Variante: Unterhalte dich mit ihrer Freundin, und lass sie erst mal links liegen. Sofort wird es in ihr rumoren: Warum flirtet er mit ihr und nicht mit mir? Was hat sie, was ich nicht habe? Wenn sie dich attraktiv findet, wird sie sich ganz schnell etwas einfallen lassen, damit ihr die andere nicht in die Quere kommt. Denn wenn es um einen Jungen geht, hört zwischen Mädchen die Freundschaft oft auf.
- Versuche, dich zu akzeptieren und zu mögen! Wer sich selbst nicht leiden kann, kann auch einen anderen Menschen nicht lieben. Und genau das strahlst du auch aus. Nimm dich also, wie du bist! Je offener und entspannter du mit deinen eigenen Fehlern und Makeln umgehst, desto eher werden sie auch von anderen toleriert. Dies gilt übrigens nicht nur in Bezug auf Mädchen, sondern für den Umgang mit allen Menschen.
- Geh es locker an! Wenn du dir alles zu Herzen nimmst, verdirbst du dir nur die Laune. Das wiederum sieht man dir an und du stellst dir somit nur selbst ein Bein. Bleibe gelassen und cool, das macht auf Mädchen viel mehr Eindruck. Alles andere signalisiert Stress. Und wer will den schon?

WOMIT KANN ICH BEI MÄDCHEN PUNKTEN? WIE WIRKE ICH SEXY AUF SIE?

Statistiken zufolge stehen Mädchen bei Jungen vor allem auf ausdrucksvolle Augen, einen sinnlichen Mund mit schönen Zähnen und eine tolle Stimme. Sehr viele legen auch Wert auf hübsche Hände und einen knackigen Po. Fettpölsterchen empfinden die meisten als nicht besonders störend.

Eine gewisse Bedeutung hat auch die Körpergröße. Denn insgeheim sucht sie einen, zu dem sie aufschauen kann. Das passt zwar gar nicht zu Emanzipation und Selbstbewusstsein, aber es ist so. Keine Frau und kein Mädchen schaut gerne auf ihren Partner herab. Weder aufgrund ihrer geistigen Überlegenheit noch aufgrund ihrer Körpergröße. Dennoch gibt es natürlich auch Paare, bei denen sie einen Kopf größer ist als er. Denn wenn man sich besser kennenlernt, spielen Ausstrahlung, Persönlichkeit und Sympathie eine wichtigere Rolle als ein paar Zentimeter mehr oder weniger.

Auch wenn du meinst, dass du nicht besonders gut aussiehst, kannst du trotzdem sexy auf sie wirken. Dann nämlich, wenn du Ausstrahlung hast, ein besonderer Typ bist und/oder interessante Eigenschaften hast, wie z. B. Schlagfertigkeit, Humor oder Geschick. Viele Mädchen sagen über ihren Traumpartner: »Er muss vor allem witzig sein.«

Witzig, das heißt nicht, dass du ein guter Witzeerzähler oder der Klassenclown sein musst. Sie meint damit, dass ihr Traumtyp intelligent sein muss, dass sie mit ihm lachen, weinen, herumalbern und reden kann. Intelligenz macht wirklich sexy und stellt Hängepo, Wurstfinger, Quäkstimme oder schielende Augen oft völlig in den Hintergrund.

Die meisten Frauen denken langfristig: Das Äußere ist vergänglich, in ein paar Jahren sieht er sowieso ganz anders aus als jetzt. Aber die inneren Werte, die bleiben, und auf die kommt es auf Dauer wirklich an.

Wer aber nun weder witzig ist, noch gut aussieht, muss auch nicht verzweifeln: Es gibt eine Menge Mädchen, die einen Jungen nehmen, wie er eben ist. Wenn der Liebesblitz erst einmal einschlägt, spielen für andere nachvollziehbare Gründe in der Regel keine Rolle mehr – man spürt einfach, dass man zusammengehört.

WIE KOMME ICH AN SIE RAN? UND WIE GEHE ICH DAMIT UM, WENN SIE MICH ABBLITZEN LÄSST?

Ein kluger Junge verhält sich wie ein erfahrener Jäger: Erst ein Weilchen die Beute beobachten und ausforschen, sich anschleichen – und dann muss der Pfeil treffen und die Anmache stimmen. Sprich sie persönlich an, bewundere z. B. ihren Schmuck: »Du hast einen supertollen Ring, wo hast du den her?« Das muss zwar nicht sofort zum gewünschten Erfolg führen, aber es erhöht auf jeden Fall deine Chancen. Wichtig ist, dass die Anmache nicht allgemein und austauschbar ist, wie z. B. »So ein Zufall, dass ich dich heute treffe!«, oder gar plump wie »Ich seh dir an, dass du auf mich gewartet hast!«. Sie muss sich direkt und persönlich angesprochen fühlen, sollte dich aber nicht als aufdringlich empfinden.

Sehr viele Jungen müssen erst ihre Scheu überwinden, um ein Mädchen anzusprechen. Das ist gar nicht so einfach und mit dem Risiko verbunden, eine Abfuhr zu bekommen. Manche Mädchen sind zickig und arrogant und lassen einen Jungen auflaufen, obwohl sie eigentlich an ihm interessiert sind. Wenn er dann sauer ist und sich zurückzieht, ärgern sie sich darüber, dass sie ihn verscheucht haben. Das ist für dich bestimmt schwer zu verstehen, aber so sind manche Mädchen nun mal. Auch später als Erwachsener wirst du so etwas immer wieder mit Frauen erleben. Oft haben sie so viel Spaß am Kokettieren und Sich-zur-Schaustellen, dass sie den Bogen überspannen und ganz vergessen, worum es eigentlich gehen soll (s. auch Info-Kasten: »Warum Mädchen oft so arrogant tun, wenn du sie ansprichst«, S. 22).

Es gibt aber auch viele Mädchen, denen es genauso geht wie dir. Sie sind sich nicht sicher, wie du es meinst und wollen sich nichts vergeben. Deshalb reagieren sie erst einmal zurückhaltend. Da heißt es dann für den Jungen: am Ball bleiben und versuchen, sie zu überzeugen. Wenn sie merkt, dass es dir wirklich ernst ist, wird sie sich bald zugänglicher zeigen – sofern sie dich auch gut findet.

Wenn nicht, dann gib es auf, und vergiss dieses Mädchen, denn dann hat sie wohl kein Interesse. Man kann die Zuneigung eines anderen Menschen nicht erzwingen. Natürlich tut das weh und nagt am Selbstbewusstsein. Aber zum Leben eines angehenden Mannes gehört auch die schmerzhafte Erfahrung, dass man bei der Frau, die man so gerne hätte, nicht landen kann.

Es ist wichtig, dass du lernst, das zu akzeptieren. Du bist nicht der Einzige, der mit solchen Enttäuschungen kämpft. Tröste dich damit: Es gibt noch so viele andere Frauen – und irgendwann wirst du auch der begegnen, die zu dir gehört. Vielleicht schon in ganz naher Zukunft?

Besonders schlimm kann es für manche Jungs werden, wenn sie immer wieder von Mädchen abgewiesen werden. Das heizt die Aggressionen an, macht sie wütend und verletzt sie in ihrer männlichen Eitelkeit. Es kocht in ihnen, und insgeheim entwickeln sie oft einen Groll auf alle Mädchen und Frauen, auf jeden und alles. Ihre Aggressionen entladen sich dann manchmal auch in unkontrollierter Gewalt. Doch dieser Weg endet in einer Sackgasse. Wer sich da hineinbegibt, tut sich selbst keinen Gefallen, und der Erfolg bei Mädchen stellt sich so bestimmt nicht ein. Im Gegenteil! Aggressives Verhalten stößt jede ab, und dein Frust wird immer größer. Ein Teufelskreis!

Du befindest dich jetzt in einer Phase des Ausprobierens. Da ist es normal, dass es mit dem anderen Geschlecht oft nicht so läuft wie gewünscht oder dass Beziehungen nur von kurzer Dauer sind. Das ist kein Grund, nervös oder panisch zu werden, sondern gehört zu deiner ganz normalen Entwicklung. Frauen werden dich ein ganzes Leben lang beschäftigen – für viele Männer bleiben sie ewig ein Geheimnis, das sie nicht lüften können. Aber das ist umgekehrt genauso. Auch Frauen fragen sich in jedem Alter immer wieder: Was will er nur? Warum versteht er mich nicht? Da ist Humor angebracht. Das hilft.

Warum Mädchen oft so arrogant tun, wenn du sie ansprichst

Das kann kein Junge ausstehen: Er setzt sein schönstes Lächeln auf, und sie lässt ihn gelangweilt links liegen. Sie tut, als wäre sie ein Supermodel, das sich vor lauter Zulauf gar nicht retten kann. Oder will sie womöglich niemanden kennenlernen?

Ein Mädchen, das sich so arrogant verhält, hat vielleicht wirklich null Interesse an dir und möchte lieber ihre Ruhe haben. Dann hast du Pech gehabt, hast zur falschen Zeit am falschen Ort das falsche Mädchen ins Visier genommen. Dagegen kannst du erst einmal gar nichts unternehmen.

Aber Frauen sind oft komplizierte Wesen. Vielleicht fällt es ihr einfach nur schwer, sich auf dich einzulassen, weil sie schon mal schlechte Erfahrungen gemacht hat? Also baut sie mit Blicken und Gesten eine Mauer um sich auf und denkt sich: Soll er doch schauen, wie er diese Mauer überwindet! Wenn er was von mir will, soll er ruhig was dafür tun.

Es kann sich also lohnen, wenn du am Ball bleibst und dich von ihrer Arroganz nicht abschrecken lässt. Tu einfach so, als hättest du ihre Ablehnung gar nicht bemerkt. Erzähle etwas von dir, stelle ihr interessierte Fragen.

Wenn sie dann immer noch nicht reagiert, dann versuche es mit Ehrlichkeit: »Ich würde mich gern mit dir unterhalten, aber du dich wohl nicht mit mir.« Wenn du das sagst, muss sie sich äußern. Dann wirst du ziemlich sicher erfahren, was mit ihr los ist.

Erst einmal reicht es, wenn sie an dir interessiert ist und sich mit dir beschäftigt. Doch es sollte auch eine gewisse Spannung zwischen euch spürbar sein. Sonst lauft ihr Gefahr, dass ihr vielleicht gute Freunde werdet, aber mehr nicht (s. auch Abschnitt: »Warum wollen mich Mädchen immer nur als Kumpel haben?«, S. 32).

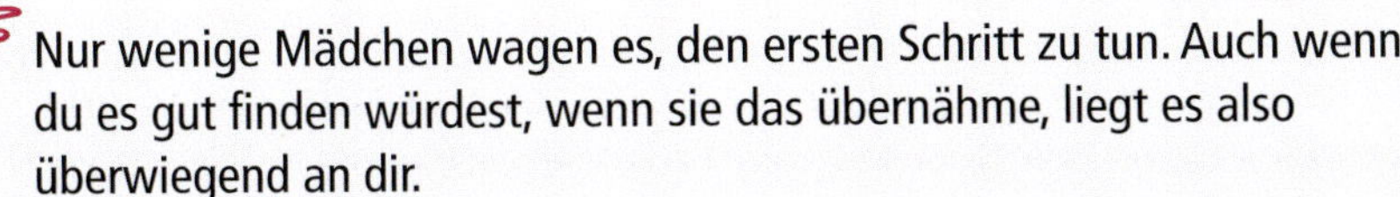

- Nur wenige Mädchen wagen es, den ersten Schritt zu tun. Auch wenn du es gut finden würdest, wenn sie das übernähme, liegt es also überwiegend an dir.
- Selbst wenn es bei ihr gefunkt hat, kann es sein, dass sie sich weiter sehr arrogant gibt. Das ist dann entweder Schüchternheit, Unsicherheit, eine Art von Selbstverteidigung, eine dumme Masche - oder einfach ihre Art.

WAS SOLL ICH TUN, WENN ICH SIE ANSPRECHE UND DABEI ROT WERDE?

Da hast du endlich deine Hemmungen überwunden, bist das Risiko eingegangen, ein Mädchen anzusprechen und womöglich eine Abfuhr zu bekommen - und dann läufst du vor Aufregung rot an! Wenn dir das genau bei dem Mädchen passiert, in das du verknallt bist, und wenn du dir in deinen Träumen schon alles Mögliche ausgemalt hast, findest du das besonders schlimm und würdest am liebsten im Boden versinken.

Doch vor Scham rot anzulaufen ist nicht so schlimm, wie du es empfindest. Dem Mädchen würde es wahrscheinlich ähnlich ergehen, wenn es die Initiative ergriffen hätte. Am besten wäre, du sprichst es direkt aus: »Jetzt werde ich rot, das ist mir total peinlich.« Damit zeigst du dich selbstbewusst und nimmst ihr von vornherein die Möglichkeit, dich deshalb zu veräppeln. Man weiß ja nie ...

Pascal (15):
»Es gibt an unserer Schule ein Mädchen, das mir sehr gut gefällt. Sie hat keinen Freund. Deshalb habe ich allen Mut zusammengenommen und sie in der Pause mal angesprochen. Mir wurde heiß, mein Gesicht war knallrot. Sie war nett, aber total überrascht, und wurde genau in dem Moment von einer Freundin gerufen. Sie hat dann nur schnell nach meiner Telefonnummer gefragt und lief weg. Doch bisher hat sie sich nicht gemeldet. Ich traue mich nicht, sie jetzt noch einmal anzusprechen.«

Es war Pech, dass die Freundin dazwischenkam. Dass sich deine Traumfrau nun nicht bei dir meldet, kann sowohl ein Zeichen ihrer eigenen Unsicherheit sein als auch eines dafür, dass sie kein wirkliches Interesse an dir hat.

Überlege, ob du noch einen Versuch starten willst – aber bei einer anderen Gelegenheit. Bedenke auch, dass du vielleicht eine eindeutige Abfuhr bekommen könntest. Wie wichtig ist sie dir? Gibt es nicht auch ein anderes Mädchen, das dir gefällt? Wahrscheinlich wäre es besser, wenn du dich umorientieren würdest, denn es lässt sich nichts erzwingen.

WAS TUN, WENN ICH IN SIE VERLIEBT BIN – SIE ABER (NOCH) NICHT IN MICH?

Du hast ein Mädchen im Visier, das dir sehr gut gefällt. Doch sie hat noch gar nicht bemerkt, dass du sie gerne näher kennenlernen würdest. Du überlegst hin und her, wie du an sie rankommen könntest. Sie einfach ansprechen? Nein, das traust du dich nicht. Am Ende werde ich noch rot und bekomme einen Korb, sagst du dir. Das wäre das Schrecklichste, was passieren könnte. Diese Demütigung möchtest du dir ersparen, klar!

Es stimmt schon: Um jemanden anzusprechen, braucht man eine gehörige Portion Mut. Aber du hast ja nichts zu verlieren, sondern kannst dabei nur gewinnen – das Mädchen nämlich. Wenn du Angst hast, direkt auf sie zuzugehen, dann übe das erst einmal mit Menschen, die dir nicht so wichtig sind: im Bus, im Kaufhaus, im Cafe oder auf einer Veranstaltung. Frag sie nach der Uhrzeit,nach dem Weg, nach Wechselgeld. Auch wenn du das alles weißt oder hast, sieh es als persönlichen Test für dich.

Du wirst sehen, dass die meisten Menschen freundlicher sind, als du es erwartest. Und wenn das gut klappt, dann versuch es mit jemandem, der dir gut gefällt. Diesem Mädchen eben, das dir nicht mehr aus dem Kopf geht (s. auch Abschnitt: »Wie komme ich an sie ran? Und wie gehe ich damit um, wenn sie mich abblitzen lässt?«, S. 19).

Wenn du sie beeindrucken möchtest, dann solltest du auf keinen Fall einen vermeintlich coolen oder überzogen selbstbewussten Spruch ablassen. Mit »Hey, Baby, ich seh dir an, dass du auf mich stehst« machst du dir sofort jede Chance kaputt. Das mögen deine Kumpels lustig finden, sie bestimmt nicht. Sei also lieber etwas zurückhaltend, aber lass durchblicken, dass du Interesse an ihr hast. Das kommt bei Mädchen viel besser an als Aufschneiderei und Machogehabe.

TIPPS, WIE DU KONTAKT ZU IHR AUFNEHMEN KANNST

- Bitte sie um Hilfe! Wenn sie z. B. sehr gut in Mathe ist, dann frag sie doch, ob sie dir ein bestimmtes Thema mal genau erklären könnte. Sie fühlt sich geschmeichelt, weil sie gebraucht und anerkannt wird, und für dich ist das der ersehnte nähere Kontakt. Wenn du nun noch charmant und zuvorkommend bist, hast du schon viel gewonnen. Das kann deine Chancen enorm erhöhen.
- Gibt es etwas Besonderes an dir, z. B. ein Tattoo oder ein extravagantes Outfit? Oder hast du eine besondere Fähigkeit, z. B. Tanzen oder Singen? Führe das vor, zeige es! So etwas sorgt für Gesprächsstoff. Gut möglich, dass deine Traumprinzessin dich darauf anspricht. Und genau das wünschst du dir doch!
- Versuch es über ein Tier! Das funktioniert fast immer. Geh mit deinem Hund spazieren, oder leih dir einen aus! Die meisten Frauen stehen auf Vierbeiner: »Ach, wie süß! Wie heißt er denn? Wie alt ist er? Darf ich ihn mal streicheln?« So kommst du schnell ins Gespräch mit Menschen – und vielleicht sogar mit dem Mädchen, das dir so gefällt.

BIN ICH IHR TYP? WORAN ERKENNE ICH, DASS SIE IN MICH VERLIEBT IST?

Wenn sich ein Mädchen in dich verliebt, steht sie nicht weniger unter »Liebesstress« als du. Wie du will sie nichts falsch machen, und sie will sich auch nichts vergeben. Deshalb ist es oft so schwierig, bis man sich endlich findet und in die Arme schließen kann.

Emma (15):
»Wenn ich mich verliebe, dann wünsche ich mir natürlich, dass es dem Jungen auch so geht. Aber das weiß man ja nicht genau. Deshalb bin ich immer ganz nervös, wenn ich mir einen ausgesucht habe und er reagiert nicht richtig auf mich. Dann überlege ich mir sofort, ob ich nicht gut genug aussehe oder ihm vielleicht zu dick bin. Und kommt man zusammen, weiß man ja leider auch nie genau, ob er nur Sex will oder es wirklich ernst meint. Ich habe am Anfang immer Angst, dass er mich nur benutzen will.«

Was Emma beschreibt, gilt für sehr viele Mädchen. Ihre Sorgen sind sicher anders geartet als die von Jungen, aber es sind mindestens genauso viele, wahrscheinlich viel mehr. Sie zweifeln an sich, finden sich nicht hübsch genug und oft zu dick. Dazu kommt, dass viele zwar sehr neugierig auf den ersten Sex sind, aber auch Angst davor haben. Wenn er mich nackt sieht, was wird er dann denken?, fragen sie sich. Meine Brüste sind bestimmt zu klein! Und meine Oberschenkel viel zu propper! Dass ich keine Erfahrung habe, findet er bestimmt auch nicht gut. Will ich überhaupt schon Sex haben? Jein! Auf jeden Fall nur, wenn er ganz, ganz lieb ist. Wird er auch mit mir zusammenbleiben, wenn ich nicht gleich mitspiele? Oder nimmt er dann die Nächste?

Du siehst, Frauen machen sich sehr viele Gedanken. Nicht jede, aber doch die meisten. Sie sind spannende, geheimnisvolle, widersprüchliche, vielschichtige und sehr komplexe Wesen. Sie haben tausend Sehnsüchte und tausend Ängste. Sie senden Signale aus und erwarten, dass du diese erkennst und richtig deutest. Doch meistens fahren Männer ihre Antennen nicht aus, oder sie haben gar keine. Das ist schade, denn es würde das Verhältnis zwischen Männern und Frauen erheblich erleichtern und verschönern.

Für dich mag sich das kompliziert anhören – und das kann es in der Tat auch sein. Denn Jungen und Männer, das wird ihnen zumindest allgemein nachgesagt, sind einfach, klar und schlicht strukturiert. Das kann man von Mädchen und Frauen keinesfalls behaupten. Mach dir das doch zunutze, und lerne von den Mädchen! Dann kannst du ziemlich schnell erkennen, ob sie wirklich in dich verliebt ist und ob du ihr Typ bist.

Wenn eine dich wirklich sympathisch findet oder sich gar in dich verknallt hat, wird sie dein Interesse auf jeden Fall mit einem Lächeln quittieren. Ist das der Fall, hast du bereits den Blitztest bestanden, den das weibliche Geschlecht erst mal durchlaufen lässt, bevor es sich auf Weiteres einlässt: Finde ich ihn interessant? Ist er sexy? Ob er zärtlich ist? Würde ich mit ihm Kinder haben wollen? Wie läuft er rum? Modern oder altmodisch? All das checkt sie in wenigen Sekunden ab. So sind Frauen.

Wenn du landen konntest, wird sie alles tun, um deine Aufmerksamkeit ganz auf sich zu lenken. Entweder verliert sie etwas, sucht krampfhaft nach einem Taschentuch oder tritt dir »aus Versehen« auf den Zeh. Manche Mädchen probieren es auch so: »Ich war noch nie bei einem Konzert von XY!«, oder: »Ich kenne mich hier überhaupt nicht aus!« Das sind Aufforderungen durch die Blume.

Hand aufs Herz: Du weißt doch, was du jetzt zu tun hast, oder? Du bietest ihr natürlich sofort »Hilfe« an. Denn wenn sie diese Signale aussendet, dann solltest du unbedingt aktiv werden. Dann will sie dasselbe wie du! Und du bist genau ihr Typ!

WAS WILL SIE EIGENTLICH MIT DIESEN SPIELCHEN BEZWECKEN?

Das verunsichert dich, du leidest darunter und fragst dich: Was mache ich falsch? Mag sie mich vielleicht gar nicht? Gehe ich ihr auf die Nerven? Wann darf ich sie anrufen? Soll ich lieber den Coolen spielen und sie zappeln lassen?

Tatsache ist: Wenn ein Mädchen an einem Jungen interessiert ist, zieht sie sich oft erst einmal zurück. Sie will nämlich auf keinen Fall den Eindruck erwecken, dass sie sich dem Nächstbesten gleich an den Hals wirft oder für jeden zu haben ist. Sie möchte wissen, ob du sie wirklich verdienst und was du zu tun bereit bist, um ihr Herz zu erobern. Dazu kommt, dass sie Angst hat, du könntest das Interesse an ihr schnell wieder verlieren, wenn sie sich sofort ganz auf dich einlässt. Damit wäre möglicherweise für dich der Reiz schnell dahin – meint sie. Kurzum: Sie will erobert werden, mit Witz, Ideen und Fantasie.

Abgesehen davon sind diese Spielchen auch gleich ein Test für die Ewigkeit. Mädchen planen langfristig und wollen abschätzen können, ob eine Beziehung mit einem Jungen auf Dauer halten kann. Sie wollen wissen, ob er zuverlässig ist, um sie kämpft, sich für sie einsetzt oder ob er schnell die Lust verliert und sie hängen lässt. Daraus ziehen sie ihre Schlüsse. Im Endeffekt ist dieses Vorgehen also ganz sinnvoll – auch wenn es dich momentan nervt.

WIE OFT DARF MAN EIN MÄDCHEN ANRUFEN, UM ZU ZEIGEN, DASS MAN SIE MAG?

Wer bis über beide Ohren verliebt ist, steckt voller Glückshormone, auch »Endorphine« genannt. Sie sorgen für die Hochstimmung, für das wunderbare Glücksgefühl. Aber diese morphiumähnlichen Substanzen machen auch abhängig. Kein Wunder also, dass jemand, der sich gerade im Liebesrausch befindet, wie verrückt hinter der einen Person her ist und nur noch daran denkt, mit ihr zusammen zu sein. Verliebtsein kann süchtig machen, und gleichzeitig wird das klare Denken oft stark beeinträchtigt. Du hast nur noch sie im Kopf, alles dreht sich um Gefühle, vernünftige Argumente dringen kaum noch zu dir durch.

Nils (16):
«Seit ich sie getroffen habe, kann ich kaum noch ruhig schlafen. Ich möchte am liebsten, dass sie Tag und Nacht bei mir ist. Aber ich will ihr nicht auf die Nerven gehen und sie mit Anrufen belagern, weil ich Angst habe, dass sie sich bedrängt fühlen könnte. Wie oft darf ich bei ihr durchklingeln, ohne sie zu verschrecken? Wann glaubt sie endlich, wie sehr ich mich in sie verliebt habe?«

Lass ihr etwas Zeit, damit sie ihre Gefühle ordnen kann.

Versuche, dich inzwischen abzulenken. Triff dich mit Kumpels, geh deinen Hobbys nach, komm zurück auf den Boden! Es ist besser, wenn du nicht ständig anrufst. So hat sie auch die Chance, zu reagieren und aktiv zu werden. Ein guter Rhythmus wäre, wenn du sie abwechselnd an einem Tag sprichst und am anderen nur eine SMS schickst.

Du wirst sehen, ob sie darauf einsteigt. Wenn sie auch mehr von dir will, bekommst du sicher eine Antwort. Falls nicht, dann solltest du die Konsequenzen daraus ziehen und sie in Ruhe lassen. Eine Beziehung hat keinen Sinn, wenn die Zuneigung nicht von beiden Seiten kommt.

KANN AUS EINEM INTERNET-FLIRT ETWAS ERNSTES WERDEN?

Du bist ein eher schüchterner Junge, dem es nicht so liegt, ein Mädchen direkt anzusprechen. Wenn du nur daran denkst, bricht dir schon der Schweiß aus. Dazu fehlt dir einfach der Mut. Andererseits sehnst du dich auch nach einer Freundin, willst Liebe und Zärtlichkeit erleben.

Ein guter und sehr häufig gewählter Weg, um einen Partner zu finden, ist sowohl für Jugendliche als auch für Erwachsene heutzutage das Internet. In der Anonymität der virtuellen Welt kann man sich beschnuppern, ohne rot zu werden. Du gibst erst einmal nicht deine wahre Identität preis, sondern trittst unter einem Nickname, einem Spitznamen, auf. Niemand weiß, wer sich dahinter wirklich verbirgt.

Das hat viele Vorteile: Du kannst unbefangen schmökern und über spezielle Jugend- oder Schüler-Chats Leute kennenlernen. Wenn ein Mädchen darunter ist, mit dem du dich besonders gut verstehst, könnt ihr euch jederzeit darauf verständigen, nun privat zu schreiben oder sogar zu telefonieren. Und irgendwann, wenn ihr das Gefühl habt, dass nun der richtige Moment gekommen ist, verabredet ihr euch vielleicht live in der Stadt.

Wichtig ist, dass du einen seriösen Chat auswählst, wo nicht nur Albernheiten, schmutzige Witze oder blödes Geschwätz kursieren. Manchmal gibt es sogar Moderatoren, die in den Chatrooms für einen gepflegten Umgangston sorgen und solche Teilnehmer, die die virtuelle Gemeinschaft belästigen oder stören, aussperren. Denn so angenehm die Anonymität einerseits sein mag – andererseits ist auch etwas Vorsicht geboten. Denn du weißt ja nie genau, mit wem du es wirklich zu tun hast. Sei also bei aller Neugier auch ein bisschen auf der Hut!

Inzwischen gibt es sehr viele glückliche Paare, die sich über das Internet gefunden haben. Aus einem Flirt am Computer kann also durchaus etwas Ernstes werden. Diese Methode wird von vielen Menschen genutzt, denn die meisten haben Probleme bei der Partnersuche, auch wenn sie es nicht zugeben. Nur wenige stehen dazu, dass sie diesen Weg wählen, weil sie fürchten, dann als etwas seltsam oder merkwürdig angesehen zu werden. Doch das ist Quatsch. Davon sollte sich niemand beirren lassen. Wenn ihr erst einmal glücklich miteinander seid, fragt kaum noch einer nach, wie ihr zueinandergefunden habt – oder ist dann sehr erstaunt, dass so etwas ebenso funktionieren kann wie ein Kennenlernen auf herkömmlichem Weg.

WARUM WOLLEN MICH MÄDCHEN IMMER NUR ALS KUMPEL HABEN?

Eigentlich kommst du bei Mädchen ganz gut an und hast auch einige Freundinnen. Aber eine feste Partnerin? Fehlanzeige! Woran liegt das? Wahrscheinlich präsentierst du dich immer als der verständnisvolle, einfühlsame Junge, mit dem man über alles reden kann. Du sendest die falschen Signale aus, deshalb endet es immer in einer Freundschaft. Als Kumpel super, aber als Lover: keine Chance!

Was dir einerseits schmeichelt und guttut, verletzt dich auf der anderen Seite, macht dich traurig. Deshalb solltest du so schnell wie möglich etwas dagegen unternehmen. Denn so wirst du auf Dauer unglücklich.

TIPPS, UM NICHT IMMER NUR DER KUMPEL ZU SEIN

- Gibt es ein Mädchen, von dem du anfangs etwas anderes wolltest als eine gute Freundschaft? Dann hast du ihr dein Interesse an einer Beziehung nicht gezeigt, sondern dich darauf eingelassen, ihre Probleme anzuhören. Das kannst du später gerne tun, wenn du ihr Freund bist. Erst einmal aber solltest du mit ihr flirten und versuchen, dich mit ihr zu verabreden.
- Damit nimmst du natürlich in Kauf, einen Korb zu bekommen, aber das ist keine Katastrophe. Wenn dieses Mädchen nicht anbeißt, tut es ein anderes, das dir auch gefällt. Bleib einfach am Ball!
- Zeige klar, was du willst! Wenn du nach Liebe suchst, dann gib dich nicht als Kumpel. Damit tötest du nämlich die knisternde Spannung der ersten Verliebtheit – und es wird wieder eine Freundschaft daraus, keine Partnerschaft.
- Tritt möglichst selbstbewusst auf! So gibst du dem Mädchen zu verstehen, dass du genau weißt, was du willst. Dadurch wirst du nicht zum guten Kumpel, sondern bist für sie ein ernsthafter Kandidat als fester Freund.
- Sag ruhig, wenn dich etwas an ihr stört. Aber sei dabei freundlich, nicht pampig. Ein Junge, der immer nur darum bemüht ist, nicht anzuecken und ihr in allem zuzustimmen, ist zwar ein angenehmer Gesprächspartner, aber kein spannender Liebhaber.
- Interessant wirst du für ein Mädchen erst, wenn du authentisch bist. Wenn du dich also so verhältst, wie du wirklich bist, nicht alles gut findest, eine eigene Meinung äußerst und Charakter zeigst.

WIE SOLL SICH EIN JUNGE VERHALTEN, WENN SICH EIN MÄDCHEN IN IHN VERLIEBT, ER ABER GAR NICHTS VON IHR WILL?

Wenn sich ausgerechnet die Mädchen in dich verlieben, die du überhaupt nicht willst, hast du ein kleines Problem. Oft sind gerade sie besonders anhänglich und zeigen Durchhaltevermögen. Keine Mühe ist ihnen zu viel, um bei dir zu landen. Eine SMS jagt die andere, sogar Geschenke bekommst du. Das ist eine unangenehme Situation für dich.

Timo (15):
»In einer Parallelklasse ist ein Mädchen, das voll auf mich steht. Sie taucht überall auf, wo ich bin. Manchmal fühle ich mich richtig verfolgt von ihr. Irgendwie hat sie meine Handynummer herausbekommen und schreibt mir nun eine SMS nach der anderen. Lauter Liebeserklärungen! Meine Kumpels lachen sich schon halb tot und ziehen mich damit auf. Dabei habe ich ihr nie Hoffnungen gemacht, denn sie ist gar nicht mein Typ. Ich will ihr nicht wehtun, aber wie werde ich sie los?«

Geh ganz offen auf dieses Mädchen zu, und sage ihr freundlich, aber ohne Umschweife, dass sie sich keine Hoffnungen machen soll. In so einem Fall hilft nur eine glasklare Ansage. Das erfordert einigen Mut von dir, aber es gibt keine andere Möglichkeit, dieses Spiel zu beenden.

Sage ihr beispielsweise Folgendes: »Du lässt mich nicht aus den Augen, schreibst mir viele SMS. Bitte lass das sein. Ich möchte das nicht. Du bist zwar ein nettes, sympathisches Mädchen, aber mehr empfinde ich nicht für dich.«

Es lässt sich leider nicht vermeiden, dass du sie damit hart triffst. Womöglich weint sie auch. Deshalb versuche, die Angelegenheit fair zu regeln. Passe einen Moment ab, wo du mit ihr alleine bist, und stelle sie nicht vor anderen bloß!

Mach dich nicht öffentlich über sie lustig, und bitte auch deine Kumpels, das zu unterlassen. Es ist ohnehin schwer für das Mädchen, zu akzeptieren, was du ihr sagst. Da muss sie nicht auch noch verletzt werden.

Stell dir den umgekehrten Fall vor: Du liebst ein Mädchen, das dich nicht will – dann würdest du auch fair und anständig behandelt werden wollen. Jeder Mensch hat ein Recht darauf, dass der andere korrekt mit ihm umgeht.

HABE ICH EINE CHANCE, WENN SIE GERADE MIT EINEM ANDEREN ZUSAMMEN IST?

Gehörst du zu den Jungen, die sich ausgerechnet immer in das Mädchen vergucken, das schon vergeben ist? Damit hast du eine der schwierigsten Ausgangspositionen gewählt. Horch genau in dich hinein, und sei ganz ehrlich zu dir: Muss es wirklich die sein, die gerade so unerreichbar ist? Oder gibt es nicht noch andere Mädchen, die auch deinem Geschmack entsprechen, aber zu haben sind?

Selbst wenn du mit deinen Bemühungen ihrer Eitelkeit so sehr schmeichelst, dass sie sogar mal mit dir ins Kino geht oder sich küssen lässt, solltest du dir nicht die Illusion machen, dass sie sich sofort für dich entscheidet. Es gibt durchaus Mädchen, denen es gefällt, wenn ein Junge um sie buhlt und um ihre Zuneigung ringt. Sie selbst sehen darin aber vielleicht nur eine weitere Bestätigung dafür, dass sie beim anderen Geschlecht begehrt sind. Darüber solltest du dir im Klaren sein.

Dazu kommt, dass du mit Problemen rechnen musst, wenn ihr Freund herausbekommt, dass du sie ihm ausgespannt hast. Mal ehrlich: Du wärst ja auch sauer, wenn ein anderer Junge dir die Freundin abspenstig machen würde.

Besonders dramatisch kann es werden, wenn du dich an die Freundin eines guten Kumpels ranwagst. Denn damit setzt du gleich zwei Freundschaften aufs Spiel: die zu deinem Freund und die zu seiner Freundin. Überlege dir gut, ob du dieses Risiko eingehen willst. Denn Beziehungen gehen gerade in deinem Alter sehr oft wieder auseinander, aber eine dicke, echte Freundschaft kann ein Leben lang halten.

Es lohnt sich oft, einfach abzuwarten. Wenn es zwischen den beiden z. B. kriselt, dann ist das Ende absehbar – und sie ist wieder frei. Wenn du sie dann immer noch willst, kannst du dein Glück ja mal bei ihr versuchen. Was du auf jeden Fall sein lassen solltest: das Mädchen hinter dem Rücken deines Freundes anzubaggern, um deine Chancen zu testen. So etwas geht fast nie gut, kommt meistens raus und ist ein totaler Vertrauensbruch. In der Regel geht daran die Freundschaft kaputt.

Außerdem: Sehr viele Mädchen sind ihrem Freund treu und lassen sich nicht gleich den Kopf verdrehen, wenn ein anderer Interesse signalisiert. Das solltest du respektieren. Es ist ein Zeichen dafür, dass sie zu dem Jungen steht, für den sie sich entschieden hat.

Eine, bei der du relativ unkompliziert landen kannst, obwohl sie in festen Händen ist, wird es mit dir wahrscheinlich irgendwann nicht anders machen. Und dann wärst du der Junge, der verletzt ist. Denke also lieber zwei Mal darüber nach, ob es wirklich unbedingt dieses Mädchen sein muss.

WIE SCHAFFE ICH ES, DASS SIE SICH FÜR MICH ENTSCHEIDET UND NICHT FÜR DEN ANDEREN?

Wenn zwei sich ineinander verlieben, funkt es. Das hat etwas mit Gefühlen zu tun, nicht mit dem Verstand. Es ist deshalb ein fast aussichtsloses Unternehmen, wenn du glaubst, du könntest ein Mädchen auf irgendeine Weise für dich gewinnen, wenn sie sich zu deinem Rivalen mehr hingezogen fühlt (s. auch Abschnitt »Was passiert, wenn man sich verliebt? Woher kommen die Schmetterlinge im Bauch?«, S. 13).

Umgekehrt hat auch dein Rivale keine Chance, wenn sie voll auf dich steht. Die meisten Mädchen lassen sich von ihren Gefühlen leiten, daher fällt das Problem einer Entscheidung nur an, wenn es tatsächlich zwei Jungen gibt, für die ihr Herz gleichermaßen schlägt.

Dann wird sie neben Äußerlichkeiten wie Aussehen und Kleidung vor allem eure Mimik, eure Gesten und euer Verhalten beurteilen. Die gesamte Ausstrahlung eines Jungen spielt eine sehr große Rolle. Doch es kommt ganz darauf an, aus welchem Blickwinkel sie das betrachtet und welchen Geschmack sie hat. Dazu kommt: Was Mädchen X besonders gut an dir findet, kann Mädchen Y vielleicht überhaupt nicht ausstehen.

Du siehst – dies ist eine Sache von ganz persönlichen Vorlieben. Deshalb klappt es in der Regel höchstens kurzfristig, ein Mädchen mit aller Gewalt auf deine Seite zu ziehen. Wenn es nicht wirklich ihre Wahl ist, wird sie sich schnellstmöglich wieder aus dem Staub machen. Wie schon gesagt: Liebe lässt sich eben nicht erzwingen.

SIND MÄDCHEN ANDERS VERLIEBT ALS JUNGEN? WAS FÜHLEN SIE?

So unterschiedlich, wie sich Mädchen und Jungen in vielen Bereichen des Lebens verhalten, so unterschiedlich sind sie auch, wenn sie sich verlieben. Während ein Junge es oft nicht richtig zeigen kann, ob und wie sehr er in ein Mädchen verliebt ist, fühlt sie sich im siebten Himmel, könnte Bäume ausreißen und die ganze Welt umarmen, obwohl sie ihn noch gar nicht besonders gut kennt. Sie träumt von vielen gemeinsamen, zärtlichen Stunden zu zweit und gibt ihm das Gefühl, dass er ihr alles bedeutet. Er fühlt sich sehr geschmeichelt, ist davon aber auch ein bisschen irritiert und denkt insgeheim: Hoffentlich kann ich ihre Erwartungen erfüllen und enttäusche sie nicht!

Noah (15):
»Seit Kurzem bin ich in ein Mädchen verliebt, das ich auf einer Party kennengelernt habe. Sie ist ziemlich cool und mag mich auch sehr. Nun will sie, dass ich sie zu Hause besuche. Ihre Eltern sind tagsüber bei der Arbeit, sodass wir ungestört wären. Ich überlege nun schon die ganze Zeit, wie ich merke, ob ich sie küssen und anfassen darf. Außerdem habe ich noch nicht so viel Erfahrung. Es wäre mir sehr unangenehm, wenn der Sex nicht richtig klappt. Dann wäre doch ich schuld, oder?«

Du machst dir Gedanken darüber, ob du sie sexuell befriedigen kannst. Insgeheim hast du große Lust auf Sex mit ihr, aber eben auch Angst, dass du dich blamieren könntest. Doch vergiss nicht: Sie hat wahrscheinlich ähnlich wenig Erfahrung wie du. Im Übrigen stehen für Mädchen Kuscheln, Küssen und Knuddeln an erster Stelle. Warte also ab, welche Zeichen sie dir gibt.

Du kannst sicher sein, dass du den richtigen Moment nicht verpasst. Es hat schon manch ein Junge zu früh mit Knutschen und Anfassen begonnen, aber noch nie einer zu spät. Denn wenn alles stimmt und du tust nichts, dann wird sie irgendwann die Initiative ergreifen und dir die Hand führen. Im Zweifelsfall kannst du sie auch direkt fragen: »Ich möchte dich gerne küssen. Darf ich?« So viel Offenheit kann kein Mädchen widerstehen.

Doch bevor es zu einem Kuss kommt, solltest du schon mal Hautkontakt mit ihr aufnehmen. Mach ihr Komplimente, leg deine Hand auf ihren Arm, bewundere ihre Ohrringe, ihre Haare, oder streiche ihr ganz nebenbei eine Strähne aus dem Gesicht. Hat sie dagegen nichts einzuwenden? Dann ist eigentlich der richtige Moment zum Knutschen gekommen. Wenn sie dir in die Augen sieht, deine Lippen fixiert und anschließend ihren Blick verschämt zu Boden senkt, ist das zu verstehen wie ein Okay. Mädchen mögen es in der Regel, wenn der Junge sich viel Zeit nimmt und nichts überstürzt.

Neben dem Sex beschäftigt Jungen auch die Frage, wie sehr eine feste Freundin ihr Leben verändern könnte. Wird sie deine Hobbys und deine Kumpels akzeptieren? Wird sie dich permanent belagern und dir keinen Freiraum mehr lassen? Wie kompliziert ist sie im Alltag? Kann man mit ihr zwar guten Sex haben, aber nicht Pferde stehlen?

Wenn Mädchen verliebt sind, hängt ihr Himmel voller Geigen. Wenn du ihr Traumprinz bist, dann wird sie alles tun, um dir zu gefallen und dir ihre Liebe zu zeigen. Sie wird dir Geschenke machen und dich verwöhnen, wo es nur geht. Und in ihrem Kopf schwirren bereits jede Menge Zukunftspläne herum.

Das schmeichelt dir zwar, ist dir aber vielleicht auch etwas zu viel. In diesem Fall bitte sie ganz offen, dich nicht mit ihrer Liebe zu erdrücken.

Sag ihr, dass du ein bisschen Freiraum brauchst, sie aber deswegen nicht weniger lieb hast. Das ist auf jeden Fall besser, als nichts zu sagen und sie dann einfach zu versetzen oder dich zurückzuziehen. Umgekehrt würde dir das auch nicht gefallen. Also, sei fair und aufrichtig zu ihr!

Eines steht fest: Wer eine Beziehung eingeht, muss oft in anderen Dingen zurückstecken und entscheiden: Was und wer ist mir wichtiger? Aber wenn beide Seiten bereit sind, Kompromisse zu schließen, kann es durchaus gut funktionieren.

WIE SOLL ICH MICH VERHALTEN, WENN SIE MEINEN BESTEN FREUND NICHT MAG?

Es passiert leider öfter, dass ein Mädchen den besten Kumpel ihres Freundes nicht ausstehen kann. Das liegt daran, dass sie in ihm einen Konkurrenten sieht, der ihr eine gewisse Zeit mit dir stiehlt. Auch wenn du der Meinung bist, dass das gar nicht stimmt – das Gefühl ist da und lässt sich nicht einfach wegwischen.

Manche Jungs können darüber hinwegsehen und trennen die beiden Beziehungen ganz strikt. Andere aber fühlen sich genervt oder gekränkt, wenn ihre Freundin den besten Freund nicht mag. Wenn es dir so geht, solltest du aufjeden Fall mit ihr darüber reden, um herauszufinden, wo der Grund für ihre Ablehnung liegt. Hast du selbst eine Vermutung, dann äußere sie. Zum Beispiel so: »Hast du Angst, dass ich mit ihm über uns spreche?«, oder: »Was ist so schlimm daran, wenn ich mich mit ihm alleine treffe? Ihn kenne ich doch schon viel länger als dich.«

Ein Gespräch zu dritt kann weiterhelfen, aber nur, wenn alle Beteiligten bereit sind, die Sache zu klären. Vorsichtshalber solltet ihr eine neutrale Person mit einschalten, der alle vertrauen und die dann notfalls schlichtet.

Bitte deine Freundin auch, nicht über deinen Kumpel zu lästern. Sonst gerätst du jedes Mal in die Rolle des Verteidigers. Sag ihr klipp und klar, dass du dir das nicht anhören willst und dass sie das respektieren muss.

DENKEN MÄDCHEN AUCH AN SEX, WENN SIE SICH VERLIEBEN? ODER WOLLEN SIE NUR KUSCHELN UND KNUTSCHEN?

Auch Mädchen denken an Sex, wenn sie sich verlieben. Aber sie meinen damit erst einmal Streicheleinheiten und intensive Küsse. In ihrer Fantasie malen sich die meisten auch schon mehr aus, aber sie haben keine Eile damit. Ganz im Gegensatz zu den meisten Jungen, die es kaum erwarten können, mit ihrer Freundin intim zu werden. Das ist ein wesentlicher Unterschied zwischen den Geschlechtern.

Mädchen und Frauen haben ein tiefes Bedürfnis, sich anzulehnen, sich in die Arme eines Jungen oder Mannes zu kuscheln. Sie wollen nicht nur wissen, dass sie beschützt werden, sondern es auch spüren. So wie früher, als sie noch Kinder waren und mit ihrer Mama gekuschelt haben. Der Austausch von Zärtlichkeiten ist für eine Frau der Beweis, dass der Mann sie nicht nur als Sexobjekt betrachtet, sondern auch als Mensch.

Jungen und Männer glauben, dass eine Frau beim Kuscheln automatisch Lust auf Sex bekommen müsste. Doch dem ist nicht so. Sie ist völlig zufrieden damit, wenn sie stundenlang gestreichelt wird, und kann überhaupt nicht verstehen, dass er meint, daraus müsste immer ein sexueller Akt werden. Während Streicheleien und Petting für dich nichts anderes sind als eine lästige Einleitung mit dem Ziel Sex, kann sie davon gar nicht genug kriegen.

Sie empfindet das auch als Entspannung. Denk mal darüber nach: Das könnte dir sicher hin und wieder auch guttun – und du musst keine Angst haben, dass etwas nicht klappt.

Eric (16):
»Eigentlich habe ich gedacht, dass meine Freundin Caro auch Spaß hat am Sex. Doch als ich neulich nach einem Nachmittag voller Streicheleinheiten dann endlich mal weiterkommen wollte, stand sie einfach auf und schaltete den Fernseher an. Ich war total frustriert. Sie sagte dann, sie hätte keine Lust auf mehr und dass sie das nerven würde, wenn ich darauf dränge. Ist das nicht unfair, mich so hinzuhalten?«

Du hast recht: Es ist etwas unfair, wenn sie ausschließlich von sich ausgeht und deine Befindlichkeit völlig außer Acht lässt. Doch darüber solltet ihr offen reden. Es ist ihr bestimmt nicht bewusst, dass sie dich damit so verletzt. Deshalb versteht sie auch deine Reaktion nicht. Gerade wenn ihr frisch verliebt seid, ist es wichtig, ehrlich miteinander zu sein. Das bedeutet: Sie sollte dir reinen Wein einschenken, wenn sie keinen Sex will, sondern nur kuscheln. Und du musst lernen, zu akzeptieren, dass Mädchen nicht immer bereit sind, wenn ein Junge Lust hat. Das mag hart sein, aber diese Erfahrung wird dich ein Leben lang begleiten.

DARF ICH IHR EINEN KOSENAMEN GEBEN, ODER FINDET SIE DAS DOOF?

Kosenamen sind zwar lieb gemeint, aber nicht jedermanns Sache. Nicht jedes Mädchen mag das – und schon gar nicht in aller Öffentlichkeit. Was in trauter Zweisamkeit hingenommen und oftmals auch gerne gehört wird, wirkt außerhalb schnell peinlich. Zudem halten viele Frauen das für eine reine Privatsache, für ein Zeichen von Vertrautheit und Verbundenheit, und wollen nicht, dass außer ihnen jemand mitbekommt, wie du sie gerne unter vier Augen nennst.

Wenn du sie z. B. vor deinen Freunden mit »Hallo, Zuckerpuppe« begrüßt, kann es sein, dass die anderen sich darüber laut amüsieren und sie das überhaupt nicht komisch findet oder sich in ihrer Ehre verletzt fühlt. Erst wird sie vielleicht gute Miene zum bösen Spiel machen, aber danach könnte es durchaus sein, dass sie dir mitteilt: »Wenn du noch einmal vor allen Leuten Zuckerpuppe zu mir sagst, dann bin ich weg.« Es ist also sinnvoll, Kosenamen nur im ganz intimen Rahmen zu benutzen.

Sehr unbeliebt bei Mädchen sind Kosenamen, die anzüglich oder abwertend klingen, wie z.B. »Dickerchen«, »Molly« oder »Moppel«. Damit erinnerst du sie direkt daran, dass sie ein paar Pfunde zu viel auf den Hüften hat. Das hört keine gern. Bei solchen Kosenamen ist Stress vorprogrammiert.

Am beliebtesten ist nach wie vor »Schatz« oder »Schatzi«, doch vielen Mädchen ist das zu abgedroschen. Wenn ihr euch unbedingt Kosenamen geben wollt, solltet ihr am besten gemeinsam einen aussuchen. Dann ist klar, dass beide damit einverstanden sind. Doch jedes Mädchen hat auch einen Vornamen. Warum rufst du sie nicht einfach so, wie sie eben heißt? Das ist immer richtig und bringt keinen von euch in Verlegenheit.

Übrigens: Wenn du selbst keinen Kosenamen haben willst, dann verzichte auch darauf, deiner Freundin einen zu geben. Es sei denn, sie wünscht sich ausdrücklich einen. Dann ist deine Fantasie gefragt.

2. GEFUNKT! WIR SIND EIN PAAR!

WAS TUN, WENN MEINE ELTERN ETWAS GEGEN SIE HABEN?

Du hast eine Freundin! Deine Bemühungen in der letzten Zeit haben sich also gelohnt. Was für ein Gefühl! Jede freie Minute willst du mit ihr verbringen. Alles dreht sich nur noch um sie. Die Schule, deine Eltern, deine Hobbys – all das ist unwichtig geworden. Du bist verliebt! Das Einzige, was für dich zählt, ist sie. Sie beherrscht dein ganzes Denken und Tun.

Da hat es dir gerade noch gefehlt, dass deine Mutter dich daran erinnert, dass du deine Hausaufgaben erledigen oder dein Zimmer aufräumen sollst. Und jetzt auch noch das: Sie hat etwas gegen deine Freundin! »Seit du mit der rummachst, tust du überhaupt nichts mehr! So geht das nicht!«, schimpft sie. »Und überhaupt bist du noch viel zu jung fiir so etwas! Dieses Mädchen ist nichts für dich, sie lenkt dich nur von der Schule ab!«

Henry (15):
»Ich hatte immer ein gutes Verhältnis zu meinen Eltern. Doch seit ich eine Freundin habe, nerven sie mich nur noch. Sie würden mir am liebsten verbieten, dass ich mich mit ihr treffe oder dass sie zu uns kommt. Mama macht Leni sogar schlecht und sagt: >Was willst du denn mit der? Du kannst eine viel Bessere bekommen. Das hat doch keine Eile!< Und mein Vater kommt dauernd mit der Leier, dass ich erst mal was lernen soll, anstatt mit Mädchen herumzumachen. Dass ich sie liebe, interessiert die beiden gar nicht. Für mich ist das aber jetzt am wichtigsten. Viel wichtiger als die Schule und alles andere. Warum verstehen Eltern so etwas nicht? Sie waren doch auch mal jung.«

Was du jetzt erlebst, ist nicht nur für dich völlig neu und aufregend, sondern auch für deine Eltern. Sie wollen nur das Beste für dich und würden dich am liebsten vor allem bewahren, was von Nachteil für dich sein könnte. In dem Moment, in dem du dich nach außen orientierst, sie also nicht mehr deine zentrale Anlaufstelle sind, sondern diese Rolle teilweise ein Mädchen übernimmt, fürchten sie, dich ein Stück weit zu verlieren.

Während du so schnell wie möglich erwachsen und selbstständig werden willst, würden sie dich am liebsten weiterhin behüten wie ein kleines Kind. Besonders Mütter neigen dazu, ihre Söhne an sich zu binden.

Die Phase, in der ihr Kind sich immer mehr für das andere Geschlecht interessiert, ist für Eltern sehr schwierig. Sie müssen jetzt loslassen – und das ist nicht leicht und führt meist zu Konflikten. Hab also ein bisschen Geduld mit ihnen! Sie kämpfen mit sich und sind nur eifersüchtig, dass da plötzlich ein Mädchen ist, dem du deine Liebe schenkst, die früher immer ihnen alleine gehörte. Doch all dies ist normal und gehört zum natürlichen Abnabelungsprozess.

Es sollte dich auch beruhigen, dass deine Eltern ein wachsames Auge auf dich haben und sich für das interessieren, was du tust. Das gibt dir auch Sicherheit und Rückhalt, immer mehr auf eigenen Beinen zu stehen. Dazu kommt, dass sie nach wie vor die Verantwortung für dich haben und deine Erziehungsberechtigten sind, bis du 18 bist.

So kann es sein, dass dir das Gesetz etwas erlaubt, aber deine Eltern verbieten es, weil sie fürchten, dass es schlecht für dich ist. Dann gilt für dich das, was deine Eltern sagen. Ein Beispiel: Ihr seid beide 15. Nach dem Gesetz dürft ihr eigentlich miteinander schlafen. Aber deine Eltern verbieten es dir, weil sie glauben, dass du noch nicht reif dafür bist. Willst du trotzdem ihre Erlaubnis, musst du mit ihnen verhandeln (s. auch Abschnitt: »Sex mit einem Mädchen oder einem anderen Jungen: Warum gibt es ein Schutzalter? Was ist verboten, was ist erlaubt?«, S. 75).

Aber Eltern haben auch eine Erziehungspflicht! Das heißt: Sie sollen dich mit zunehmendem Alter zu immer mehr Selbstständigkeit erziehen und müssen dir im Lauf der Zeit auch mehr erlauben. Deshalb können sie dir z.B. mit 16 oder 17 nicht mehr einfach so verbieten, dass du mit deiner Freundin schläfst. Tun sie es trotzdem, brauchen sie dazu schon schwerwiegende Gründe. Argumente wie »Du bist noch zu jung für Sex!« oder »Ich hatte mein erstes Mal auch erst mit 18!« reichen da nicht aus.

Wenn deine Eltern dir deine Freundin nicht erlauben, musst du selbst entscheiden, ob du dich trotzdem mit ihr triffst und Ärger mit ihnen riskierst. Kluge und moderne Eltern wissen jedoch, dass sich Liebe in der Regel nicht verbieten lässt und du dann heimlich tust, was du eigentlich nicht darfst. Deshalb ist es immer besser, wenn deine Eltern sich dir gegenüber so offen zeigen, dass du mit ihnen auch darüber sprechen kannst.

Zusammengefasst: Es hat also meist sehr viele Gründe, wenn deine Eltern etwas gegen deine Freundin haben, und es muss nicht immer direkt etwas mit dem Mädchen zu tun haben, in das du gerade verliebt bist. Jede andere, die in dein Leben getreten wäre, hätte bei deinen Eltern wahrscheinlich erst einmal genauso wenig punkten können, weil sie sich in die Beziehung zwischen dir und ihnen »einmischt«.

Auch wenn du die Ermahnungen deiner Eltern als nervig empfindest: In deinem eigenen Interesse solltest du trotz aller Verliebtheit nicht alles andere vergessen. Sieh es so: Du kannst jetzt lernen, zwei wichtige Dinge in deinem Leben unter einen Hut zu bekommen – die Liebe und die Schule. Das ist eine gute Übung für dein weiteres Leben. Und beides ist durchaus gut miteinander vereinbar. Mach dir einen klaren Plan, wie viel Zeit du für die Schulaufgaben aufwendest und wann du dich mit deiner Freundin triffst, und halte dich konsequent daran.

Wenn deine Eltern sehen, dass du verantwortungsvoll mit deinen täglichen Aufgaben umgehst, werden sie sicher auch nichts mehr gegen deine Freundin haben.

ICH HABE ANGST, DASS SIE MICH WEGEN EINES ANDEREN WIEDER VERLÄSST. WIE KANN ICH DAS VERHINDERN?

Auch wenn du deine Freundin noch so liebst – sie gehört dir nicht und ist auch nicht dein Eigentum. Behandelst du sie jedoch wie einen Besitzgegenstand, wirst du sie schnell wieder los sein. Sie ist ein freier Mensch und kann tun und lassen, was sie will. Das heißt: Sie kann dich auch verlassen, wenn ihre Gefühle für dich erloschen sind. Das ist zwar bitter, aber auch der ganz normale Lauf des Lebens. Du kannst sie nicht festhalten oder es verhindern. Doch jede gescheiterte Beziehung hat auch etwas Gutes: Du kannst aus dieser Erfahrung etwas für die Zukunft und deine nächste Liebe lernen (s. auch Abschnitt: »Ich habe sie beim Knutschen mit einem anderen gesehen, aber sie sagt, dass sie nichts von ihm will. Warum tut sie das dann?«, S. 142).

Ben (16):
»Bei der Geburtstagsfete eines Kumpels hat meine Freundin mit einem anderen Jungen geflirtet. Sie dachte wohl, ich merke es nicht. Aber ich habe genau gesehen, wie sie mit ihm herumgemacht hat. Als ich ihr gesagt habe, dass sie damit aufhören soll, hat sie nur die Augen verdreht und mir erklärt, ich solle mir nicht immer so viel einbilden. Sie würde es doch auch stören, wenn ich so etwas machen würde. Warum tut sie es dann mir an?«

Es ist nicht fair von deiner Freundin, dass sie mit einem anderen Jungen flirtet, wenn du dabei bist. Stell sie zur Rede und sag ihr ganz klar, dass sie das bitte künftig unterlassen soll, weil es dich verletzt. Hält sie sich nicht daran und es passiert wieder, solltest du mal darüber nachdenken, ob sie wirklich das richtige Mädchen für dich ist, und dich notfalls auch von ihr trennen.

Oft steckt hinter einem Flirt aber nichts weiter, als dass ein Mädchen wissen will, ob und wie es bei anderen Jungen ankommt. Das ist völlig normal, und wenn du ehrlich bist, geht es dir zwischendurch bestimmt auch mal so, dass du einen Blick auf ein anderes Mädchen wirfst, um zu checken, ob du bei ihr Chancen hättest. Das ist ein Spiel, das eine gewisse Spannung in der Beziehung bewahrt, sofern beide Partner damit umgehen können. Es kann allerdings auch ein gefährliches Spiel sein, wenn daraus Ernst wird und es mit der oder dem anderen mehr funkt, als eigentlich geplant war.

Hüte dich auf jeden Fall davor, aus jedem kleinen Flirt gleich ein Drama zu machen. Nichts wird so heiß gegessen, wie es gekocht wird. Je ungehaltener du dich zeigst, desto mehr wird deutlich, dass du unsicher bist und Angst hast, sie zu verlieren. Das mag einem Mädchen einerseits schmeicheln, aber es ist auch ein Zeichen von Misstrauen und Schwäche. Hast du das nötig? Je souveräner du auftrittst und je weniger Bedeutung du der Sache beimisst, desto stärker wirkst du auf sie. Mit Selbstsicherheit und Gelassenheit wirst du sie weit mehr beeindrucken als mit einer Szene.

Und selbst wenn du vor Wut und Enttäuschung kochst: Für einen zivilisierten, modernen Jungen ist es absolut tabu, ein Mädchen tätlich anzugreifen! Sie kann dich bei der Polizei anzeigen, womit handfeste Probleme ins Haus stehen. Wenn sie sich ihren Freundinnen anvertraut, macht das die Runde, was dein Image und deine Chancen bei Mädchen sicher nicht verbessert. Und auch die meisten vernünftigen Jungen finden Schlägertypen mit Männlichkeitswahn eklig.

Gewalt ist immer der falsche Weg. Damit erreicht man in der Regel nur das Gegenteil von dem, was man eigentlich wollte. Im Übrigen ist Gewalt ein Zeichen von Schwäche, Hilflosigkeit und Dummheit. Nur wer ein ganz kleiner, mickriger Wicht ist, macht von seinen Fäusten Gebrauch und schlägt zu. Und so einer willst du doch bestimmt nicht sein, oder? Ganz abgesehen davon: Mit Gewalt machst du dir selbst alles mit einem Schlag kaputt. Jeder Mensch muss lernen, auch mit Enttäuschungen und Niederlagen fertig zu werden.

WAS KANN ICH TUN, WENN SIE TOTAL EIFERSÜCHTIG IST?

Sebastian (16):
»Meine Freundin Lisa ist ein supertolles Mädchen. Wenn sie bloß nicht so eifersüchtig wäre! Treffe ich mich mal mit meinen Freunden, spioniert sie mir nach, was natürlich megapeinlich ist. Sie bildet sich nämlich ein, da wären auch andere Mädchen und es würde mir eigentlich nur um die gehen.
Dabei stimmt das gar nicht. Es ist nie ein Mädchen dabei, wir sind nur Jungen. Aber es passt ihr auch nicht, dass ich die treffe, weil das von ihrer Zeit mit mir abgeht.
Wenn das so weitergeht, habe ich bald keine Lust mehr. Das nervt ja total!«

Wer eifersüchtig ist, hat meistens ein geringes Selbstwertgefühl und hält nicht viel von sich. Mädchen, die so sind, fühlen sich schnell zurückgesetzt oder nicht genug beachtet. Auch wenn dir das lächerlich vorkommt und du keinen Anlass dazu gegeben hast – sie ist davon überzeugt, dass dir jemand oder etwas wichtiger ist als sie. Das geht dir tierisch auf den Geist und tut eurer Beziehung nicht gut. Kein Wunder, dass du dann manches lieber heimlich machst, um keine neuen Vorwürfe zu riskieren.

Eifersucht ist ein Beziehungskiller, denn dadurch passiert genau das, was man mit aller Macht verhindern will: Man vertreibt den Partner. Wenn deine Freundin sich so verhält, dann solltest du schnellstmöglich klare Grenzen setzen, damit eure Liebe nicht noch länger strapaziert wird.

TIPPS, WIE DU MIT EIFERSUCHT UMGEHEN KANNST

- Sage ihr, dass du sie liebst. Aber sage ihr auch: »Ich lasse mir von dir nicht verbieten, mich mit meinen Freunden zu treffen. Entweder du akzeptierst das, oder ich mache Schluss.«
- Lass dich nicht von ihr terrorisieren! Wenn sie dir einreden will, dass du schuld bist, wenn es ihr schlecht geht, dann weise das von dir!
- Es ist nicht gut, wenn du immer nur um ihr Wohl besorgt bist, um einen neuen Konflikt zu vermeiden. Sie wird ihre Forderungen immer höher schrauben und viele neue Gründe finden, um dir das Leben schwer zu machen.
- Tu, was du für richtig hältst – auch wenn es ihr nicht passt – und setze dich durch! Das klingt hart, ist aber der einzige Weg, um krankhaft Eifersüchtige in ihre Schranken zu weisen.
- Wenn ihre Eifersucht sehr schlimm ist, bitte sie, eine psychologische Beratung in Anspruch zu nehmen. Das kann eurer Liebe guttun und sie vielleicht retten.

WARUM WILL SIE STÄNDIG HÖREN, WIE SEHR ICH SIE LIEBE?

Wenn die erste Verliebtheit nachlässt, siehst du dein Traummädchen mit klareren Augen als am Anfang. Plötzlich stellst du fest: Es gibt auch Dinge, die mir nicht so gut gefallen, die mich stören an ihr. Dennoch willst du auf jeden Fall mit ihr zusammenbleiben. Du fragst dich: Was soll ich bloß tun, damit sie nicht so viel meckert? Warum will sie nur, dass ich ihr ständig sage, dass ich sie liebe? Merkt sie das nicht auch so? Ich tue doch alles für sie und bin immer da. Außerdem sage ich es ja auch hin und wieder.

Mädchen und Frauen brauchen Komplimente. Das gibt ihnen inneren Frieden, Selbstbestätigung und ein Stück Sicherheit, dass du nur sie liebst. Für dich mögen das nur Worte oder blanker Kitsch sein, aber für sie bedeutet es viel mehr. Sie gibt alles, wenn sie dich liebt – und das erwartet sie auch zurück, in Taten und in Worten.

Viele Jungen aber wollen trotz großer Liebe auch ein Stück Unabhängigkeit behalten. Wenn sie dann erwartet, dass du ihr die berühmten drei Worte sagst, weckt dies das schlechte Gewissen in dir, weil du das Gefühl hast, dass du all das, was sie dir gibt, gar nicht zurückgeben kannst. Deswegen bist du instinktiv lieber still.

Dazu kommt, dass viele Jungen es unmännlich finden, regelmäßig Liebeserklärungen abzugeben. Du liebst sie – fertig. Vor Kurzem erst hast du ihr geholfen, z. B. ihren Computer aktualisiert oder ihr eine schwere Tasche bis nach Hause getragen. Das ist für dich Liebe! Wenn du sie nicht lieben würdest, hättest du das nicht getan. Warum versteht sie das nicht?

Weil sie anders ist als du. Weil sie ein Mädchen ist und du ein Junge bist. Das ist einerseits genau das, was euer Verhältnis so kribbelig schön macht, aber es ist eben manchmal auch ein bisschen schwierig und unverständlich. Doch das gehört dazu und ist das Salz in der Suppe einer Beziehung.

WIESO HÄLT SIE SICH IMMER FÜR ZU DICK, ISST NICHTS UND »MUSS« ABNEHMEN?

Lucas (17):
»Meine Freundin wiegt 58 Kilo und ist 1,75 Meter groß. Ich finde, sie hat eine Spitzenfigur. Aber sie hält sich für zu dick. Als wir neulich mit anderen in einer Pizzeria waren, hat sie wieder einmal nur einen kleinen Salat bestellt, den sie dann auch noch zur Hälfte stehen ließ. Ich habe ihr ein Stück von meiner Pizza angeboten, doch sie hat nur einmal abgebissen und mir danach vorgehalten, ich hätte sie nicht dazu verführen dürfen. Mir geht das inzwischen so auf die Nerven, dass ich überhaupt nicht mehr mit ihr essen will. Das verdirbt einem ja den Appetit. Ich habe ihr nun gesagt, dass sie für mich total spinnt und einen Abnehmwahn hat. Jetzt haben wir deswegen Streit! Wie kann ich sie von diesem Trip nur abbringen?

Für viele Mädchen und Frauen bedeutet ihr Äußeres eine ganze Menge, wobei Aussehen und Schönheit nicht dasselbe für sie sind. Ob jemand von der Natur gut ausgestattet wird, lässt sich nicht beeinflussen und meist auch nicht korrigieren. Selbst Schönheitsoperationen, die vor Abschluss der Pubertät von einem verantwortungsvollen Chirurgen ohnehin nicht durchgeführt werden, bringen nicht immer das gewünschte Ergebnis.

Aber beim Aussehen kann man nachhelfen, es korrigieren. Und das tun die meisten Mädchen gerne und ausführlich (s. auch nächster Abschnitt: »Was ist so schlimm daran, wenn ich nicht sofort merke, dass sie neue Klamotten anhat?«, S. 56).

Ein ganz wesentlicher Punkt des Aussehens ist ihre Figur. Je schlanker, desto besser. Dabei verliert so manche Frau Maß und Ziel aus den Augen und strebt ein Gewichtsideal an, das ungesund und gefährlich ist. »Ich muss abnehmen« ist ein Spruch, der sofort kommt, wenn es ums Essen geht. Diese Worte hat sie so verinnerlicht, dass sie schon ein schlechtes Gewissen bekommt, wenn sie nur vom Essen redet. Der ständige Druck, dies und das nicht in den Mund schieben zu dürfen, um ja kein

Gramm zuzunehmen, macht sie nervös und reizbar. Es ist leider keine Seltenheit, dass Mädchen auf diese Weise in die Magersucht oder gar in die Bulimie (Ess-Brechsucht) hineinschlittern.

Doch warum und für wen macht sie das? Etwa deinetwegen? Nein, nicht nur. In erster Linie tut sie es für sich selbst. Denn für ihr Selbstwertgefühl ist es sehr, sehr wichtig, wie sie aussieht. Wenn sie sich gefällt, tritt sie sicherer, überzeugender auf. Damit beeindruckt sie dann automatisch ihren Partner und alle anderen Jungs, denen sie gefallen will.

Von großer Bedeutung ist für Mädchen und Frauen auch ihre Wirkung auf die eigenen Geschlechtsgenossinnen. Sie möchte besser aussehen als all die anderen – und die Erzfeindin will sie sowieso ausstechen. Andere Frauen spielen für Frauen häufig eine größere Rolle als Männer. Sie beäugen sich untereinander mit sehr strengem Blick. Das hast du sicher auch schon mal mitbekommen, wie giftig Mädchen zueinander sein können.

»Du hast einen viel zu großen Hintern«, hält so manch eine der anderen vor, oder: »Momentan hast du bestimmt fünf Kilo zu viel.« Das trifft die Gedemütigte mitten ins Herz – und das ist auch die Absicht der anderen. Du hast recht, wenn du als Zeuge in so einer Situation gleich die Flucht ergreifst. Denn meist ist es für dich ohnehin nicht nachvollziehbar, warum sie sich in die Wolle kriegen. Doch hier soll nichts verallgemeinert werden – es gibt auch jede Menge Mädchen und Frauen, die vernünftig miteinander umgehen.

Dass es Jungen und Männern eher auf die Nerven geht, wenn ein Essen mehr von Kaloriensorgen bestimmt wird als vom gemeinsamen Genuss, daran denken Frauen in diesem Moment nicht. Ihnen geht es nur um ihre Figur. Stärke das Selbstbewusstsein deiner Freundin, indem du ihr zu verstehen gibst, dass du sie schön findest, jedes Gramm an ihr magst und dass du nicht auf Mager-Models stehst. Damit kannst du möglicherweise mehr bewirken, als du denkst.

WAS IST SO SCHLIMM DARAN, WENN ICH NICHT SOFORT MERKE, DASS SIE NEUE KLAMOTTEN ANHAT?

Das Aussehen wird nicht nur von der Figur bestimmt. Durch ein schickes Outfit lässt sich so mancher kleine Mangel gut kaschieren. Dazu kommt, dass es Spaß macht, sich immer wieder in neue Kleidung zu hüllen. Andere Klamotten, andere Farben, einige Accessoires – und schon sieht man ganz anders aus. Das gefällt Jungen – und besonders Mädchen. Sie können stundenlang in Kaufhäusern und Boutiquen herumstöbern, um etwas Neues zu finden und ihren Partner damit zu überraschen.

Wenn deine Freundin ein neues Outfit dann zum ersten Mal anzieht, erwartet sie selbstverständlich, dass du das bemerkst und ihr Komplimente machst. Tust du das nicht, hat sie das Gefühl, dass du dich nicht genug für sie interessierst. Dann musst du damit rechnen, dass sie schmollt. Daraus kann schnell ein handfester Streit werden, weil sie sich unbeachtet und zurückgesetzt fühlt und du gar nicht verstehst, was sie überhaupt will. Mädchen legen auf Dinge Wert, die dir unwichtig erscheinen, die du gar nicht schlimm findest, die aber für sie von höchster Bedeutung sind. Gehst du nicht darauf ein, ist das eine kleine Katastrophe für sie. Mädchen sind manchmal eben ein bisschen schwierig und, wie du auch in diesem Punkt wieder merkst, ganz anders als Jungen.

Aber mal ehrlich: Du freust dich doch auch, wenn sie dir sagt, dass deine Hose oder dein Shirt gut aussehen. Also, sag es ihr doch auch! Es gibt keinen einfacheren Weg, ein Mädchen glücklich zu machen (s. auch Abschnitt: »Wann muss ich ihr ein Kompliment machen? Was genau und wie soll ich es sagen?«, S. 60).

WANN IST SIE MIT IHREM AUSSEHEN EIGENTLICH MAL ZUFRIEDEN?

So stolz du darauf bist, wenn deine Freundin gut aussieht – so sehr geht es dir auf den Geist, wenn sie selbst nie damit zufrieden ist. Was sollst du denn noch tun? Du hast ihr Komplimente gemacht, sie bewundert. Das scheint ihr aber nicht zu reichen.

Bist du noch auf der Suche nach dem richtigen Mädchen, hast aber eine fast an der Angel, dann wunderst du dich manchmal vielleicht, dass sie plötzlich gar nicht mehr so auf dich reagiert wie letztes Mal. Plötzlich ist sie wieder verschlossen, abweisend und tut so, als würdet ihr euch noch gar nicht richtig kennen. Dabei hattest du gestern noch das Gefühl, dass sie auch an dir interessiert ist. Mann, was soll denn das nun wieder?, fragst du dich. Weiß sie überhaupt, was sie will? Dieses Hin und Her geht dir ziemlich auf den Geist.

Gut möglich, dass sie genau an diesem Tag meint, nicht gut genug auszusehen. Der soll doch nicht so falsch tun, denkt sie sich vielleicht, ich weiß genau, dass ich heute scheußlich aussehe. Ich kann ihm gar nicht gefallen! Wahrscheinlich will er auch gar nichts von mir, und ich bilde mir das nur ein! Solche Gedanken und Empfindungen eines Mädchens sind für einen Jungen, der klar und entschieden vorgeht, kaum zu verstehen. Doch du wirst dich daran gewöhnen müssen, dass du manches an ihr nicht verstehst. Mach dir darüber keine weiteren Gedanken, sondern warte einfach ab, bis sie sich wieder gefangen hat. Sie versteht sich oft selbst nicht so recht.

Wenn ein Mädchen insgesamt mit sich zufrieden ist, dann ist sie auch mit ihrem Aussehen zufrieden. Hat sie aber ständig etwas an sich selbst auszusetzen, mag sie sich nicht. Das kann viele Gründe haben. Entweder hat sie insgeheim Probleme, über die sie nicht spricht oder die ihr selbst nicht ganz klar sind. Oder sie ist frustriert, dass sie keinen Freund hat, und ist überzeugt davon, dass sie auch keinen bekommt, weil sie so hässlich ist. Da kannst du hundertmal das Gegenteil behaupten – sie wird es erst glauben, wenn sie mit sich im Reinen ist und sich selbst so akzeptiert, wie sie ist.

Oft ist es auch stimmungsabhängig, ob sie sich hübsch genug findet. Hat sie einen schlechten Tag, steht sie morgens auf und kann sich nicht leiden.

Dann sieht sie im Bad beim Blick in den Spiegel Fettpölsterchen und Pickel, die über Nacht aufgetaucht sind. Sie öffnet den Schrank und stellt fest: Ich habe überhaupt nichts Richtiges anzuziehen! Die Schuhe passen nicht zur Hose, die Haare sitzen auch nicht. Eigentlich kann sie gar nicht aus dem Haus gehen, weil sie sich so hässlich fühlt.

Mädchen! Ihr Kleiderschrank quillt über, aber sie findet nichts. Ihre Haare sind okay, aber sie sieht das ganz anders. Je mehr sie an sich zu bemängeln hat, desto schlechter wird ihre Laune. Und du musst das dann möglicherweise ausbaden. Sorry, das ist das Schicksal eines Mannes.

Nimm es mit Humor, und denk dir deinen Teil.

Übrigens: Mädchen und Frauen, die eigentlich perfekt aussehen, haben oft viel mehr an sich auszusetzen als solche, die keinem Schönheitsideal entsprechen. Du kannst dir also aussuchen, ob du eine willst, die super aussieht, aber nie mit sich zufrieden ist und dich damit nervt. Oder ob du lieber eine willst, die ein paar kleine Mängel hat, aber mit ihrem Körper zufrieden und glücklich ist.

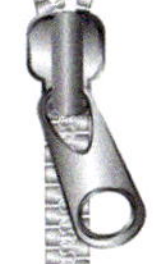

WIE VIEL WERT LEGT SIE AUF MEIN AUSSEHEN?

Tom (15):
»An unserer Schule ist ein Mädchen, das mir sehr gut gefällt. Sie ist sehr hübsch und auch nett. Aber ich habe Angst, dass ich keine Chancen bei ihr habe, weil sie sicher einen schöneren Boy haben kann als mich. Trotzdem habe ich das Gefühl, dass sie sich für mich interessiert. Kann das sein?«

Du zweifelst an dir und kannst dir nicht vorstellen, dass ein besonders hübsches Mädchen etwas von dir will. Warum eigentlich nicht? Sicher hast du eine tolle Ausstrahlung und wirkst sympathisch, sonst würde sie nicht Interesse signalisieren.

Für die meisten Frauen ist das gute Aussehen eines Mannes eine angenehme Begleiterscheinung, aber nicht von zentraler Bedeutung. Viel wichtiger ist ihnen, dass er etwas ausstrahlt, z. B. Selbstbewusstsein, Sicherheit, Ruhe, Entschlossenheit, Zuverlässigkeit. Auch Humor spielt eine große Rolle. Sie will mit dir lachen können und Spaß haben. Was sie in der Regel nicht leiden kann, ist Oberflächlichkeit. Natürlich hätte jede Frau gerne auch einen gut aussehenden Partner, aber Ausstrahlung kann Schönheit durchaus ersetzen.

Manche Mädchen und Frauen wählen auch ganz gezielt eher durchschnittlich aussehende Männer, weil sie glauben, dass diese ihnen ganz alleine gehören. Sogenannte »Traumprinzen« gefallen nämlich auch anderen Mädchen. Es nagt an ihr, wenn sie das Gefühl hat, dass andere Frauen hinter ihrem Rücken tuscheln und denken: »Was will denn dieser tolle Mann mit so einer? Wie kann er bloß mit der zusammen sein? Der wäre doch eher was für mich!« (S. auch Abschnitt: »Womit kann ich bei Mädchen punkten? Wie wirke ich sexy auf sie?«, S. 18)

WANN MUSS ICH IHR EIN KOMPLIMENT MACHEN? WAS GENAU UND WIE SOLL ICH ES SAGEN?

Hast du den Eindruck, dass sie unglücklich oder gefrustet ist? Das ist der Zeitpunkt, an dem sie dringend ein Kompliment braucht! Komplimente sind Balsam für ihre Seele. Sie kann gar nicht genug davon bekommen. Sag ihr: »Du siehst so toll aus, ich gebe dich nie wieder her!«, oder: »Selbst wenn du nicht so gut drauf bist, siehst du super aus!« Das baut sie auf und schmeichelt ihr.

Es gibt jedoch auch Situationen, in denen es besser ist, wenn du nicht viel sagst, sondern sie einfach in den Arm nimmst und drückst. Das ist dann mehr Trost als Kompliment, aber in bestimmten Momenten angebrachter. Versuche, richtig einschätzen, wie es ihr geht. So viel Fingerspitzengefühl erwartet sie von dir.

Doch für Komplimente hat sie nicht nur während einer Krise ein Ohr. Auch wenn alles okay ist, hört sie gerne, wie sehr du sie schätzt und liebst. Das gibt ihr Sicherheit und macht Mut. Und du profitierst dann auch wieder selbst davon, dass sie gute Laune hat und für vieles, was sie sonst nicht so mag, leichter zugänglich ist.

Wenn du ihr noch hin und wieder ein kleines Geschenk mitbringst, z.B. eine Blume, eine CD mit ihrer Lieblingsmusik oder etwas anderes, wovon du weißt, dass sie es gerne mag, dann hast du dir einen sicheren, schönen Platz in ihrem Herzen erobert.

WAS VERSTEHT EIN MÄDCHEN EIGENTLICH UNTER »ROMANTISCH«?

Verliebte Mädchen und Frauen sind meist euphorischer und engagieren sich stärker für die Beziehung als Jungen und Männer. Das haben auch Verhaltensforscher herausgefunden. Während sie alles tut, damit die Beziehung kuschelig-schön ist und bleibt, ist er froh, wenn die Phase der ersten Verliebtheit, des Werbens um das Mädchen, vorbei ist und er wieder seine Ruhe hat. Die Kuh ist vom Eis, die Jagd nach der Traumfrau vorbei, jetzt will er wieder seinen alten Hobbys nachgehen.

Doch du merkst bald, dass es gar nicht so einfach ist, mit einem Mädchen zusammen zu sein. Sie hat Erwartungen, sucht Nähe und will, dass du ihre romantischen Vorstellungen von Glück erfüllst.

Du bist der beste, schönste, liebste Mann für sie, mit dem sie Tag und Nacht verbringen möchte. In ihren Träumen sieht sie sich vielleicht schon als Braut mit dir zum Traualtar schreiten? Ganz in Weiß, mit einem wunderschönen Blumenstrauß.

Sogar eure gemeinsamen Kinder sieht sie in ihrer Fantasie schon vor sich. Wenn sie verliebt ist, kennt ihre Romantik keine Grenzen.

Dir macht das eher Angst. Du fürchtest, deine Unabhängigkeit könnte dir verloren gehen und dass du irgendwann womöglich nicht mehr ohne sie sein kannst, weil dich die Liebe so fest im Griff hat. Was wäre dann, wenn sie dich mal verlässt? Das möchtest du lieber nicht erleben, also lässt du dich gleich gar nicht so tief auf die Sache ein.

Du spürst, dass du sie am meisten liebst, wenn sie nicht da ist. Das Gefühl, geliebt zu werden, genießt du. Doch ist sie ganz nah bei dir, wird es dir schnell zu eng, und du weißt nicht, ob du all dem wirklich trauen sollst. Denn instinktiv ist dir klar: Das Mädchen, das ich liebe, hat eine gewisse Macht über mich. Ein Gedanke, der dir nicht gefällt.

Die Liebe hat für dich zwei Seiten: eine sehr schöne, die dir viel gibt, und eine, die dir etwas nimmt. Dieses Gefühl wirst du auch später immer wieder haben, wenn du dich in eine Frau verliebst. Dieser innere Kampf – lasse ich mich ganz auf sie ein oder lieber nicht? – wird dich ein Leben lang begleiten.

WARUM WILL SIE NICHT, DASS ICH MICH MIT MEINER EX TREFFE?

Robin (16):
»Obwohl es zwischen uns längst aus ist, telefoniere ich noch hin und wieder mit meiner Ex Lilly. Das kann meine jetzige Freundin überhaupt nicht verstehen. Sie ist sehr eifersüchtig und hat mich angefleht, das nicht mehr zu tun. Ich finde das total doof und hysterisch von ihr. Da bin ich extra offen und ehrlich, damit sie sich keine Sorgen machen muss - jetzt passt es auch nicht. Was soll das?«

Aus der Sicht einer Frau ist ihre Vorgängerin häufig eine blöde Kuh, die dich nicht verstanden hat und von der du die Finger lassen solltest. Selbst wenn sie sie gar nicht kennt – sie mag sie nicht. Sie würde dir am liebsten den Umgang mit ihr verbieten. Das ist meist völlig irrational, aber ernst gemeint. Und ein bisschen kannst du es doch auch verstehen, oder? Stell dir umgekehrt mal vor, wie du reagieren würdest, wenn sie mit ihrem Ex noch Kontakt hätte. Jungen haben in diesem Punkt oft gar kein Verständnis.

Dass deine Freundin sich davon so verletzt fühlt, ist ein Zeichen von mangelndem Selbstwertgefühl. Sie ist so glücklich, dich bekommen zu haben, hat aber Angst, dass die andere dich ihr wieder ausspannen könnte. Dass du das trennen kannst, kann sie nicht glauben, denn sie leidet unter ihrer Eifersucht. Das ist auch ein Liebesbeweis: Sie zeigt damit, dass du ihr sehr viel bedeutest. Ganz ehrlich – das schmeichelt dir ja auch.

Andererseits fürchtet sie, dass Lilly besser weiß als sie, wie man dich beeindrucken kann. Dass du ein eigenes Wesen bist, das selbst entscheidet, spielt dabei überhaupt keine Rolle. Wahrscheinlich hast du anfangs auch mal etwas erzählt von Lilly – das reicht ihr, um sich ein Bild von ihr zu machen.

Wenn du merkst, dass deine Freundin sehr unter deinem Kontakt zu deiner Ex leidet, überlege dir, ob du ihr zuliebe nicht in Zukunft darauf verzichten willst. Andererseits gilt natürlich auch: Wer über die Maßen eifersüchtig ist, schießt übers Ziel hinaus und will den anderen ganz für sich allein haben. Wenn ein Mädchen zu sehr darauf pocht, dass du ihr ganz alleine »gehörst«, und dich womöglich sogar überwacht, dann hat das nichts mehr mit Liebe zu tun. Sieh in diesem Fall zu, dass du so schnell wie möglich Schluss machst, bevor es zu schwierig wird (s. auch Abschnitt: »Was kann ich tun, wenn sie total eifersüchtig ist?«, S. 51).

WAS HAT SIE DAGEGEN, WENN ICH MÄDCHEN IM KNAPPEN BIKINI ODER SEXY MINIRÖCKEN NACHSCHAUE?

Es ist Sommer. Viele Mädchen, die es sich figurmäßig leisten können, tragen jetzt kesse Miniröcke oder knappe Pants. Am Strand laufen sie in sexy Bikinis herum oder gar oben ohne. Mädchen tun das für sich, aber auch, um sich anderen zu zeigen: Da, schaut her, was ich für eine gute Figur habe! Es hat sich gelohnt, dass ich so streng gefastet und mir jedes Stück Schokolade verkniffen habe! Dafür will ich jetzt mit lobenden Blicken belohnt werden!

Während andere Frauen vor Neid fast platzen oder sich über diese »Flittchen« aufregen, genießen Jungen und Männer den Anblick eines hübschen Mädchens. Meist gucken sie ihr heimlich und verstohlen nach, damit es keiner merkt. Vor allem nicht die Partnerin. Dabei hat das mit ihr direkt gar nichts zu tun, es ist vielmehr ein uraltes Gesellschaftsspiel zwischen Frauen und Männern.

Marvin (16):
»Ich sitze voll gern im Straßencafe und schaue den Leuten zu, wie sie vorbeiflanieren. Manchmal kommen auch Mädchen, die heiße Minis anhaben. Das macht mich total an. Es ist ein bisschen wie Kino. Ich fantasiere mir dann zusammen, wie es wohl wäre mit ihr, mehr nicht. Für ein Abenteuer wäre so ein Mädchen schon ganz gut, aber nicht als feste Freundin.«

Um dir keinen Ärger einzuhandeln, ist es meistens besser, wenn du ganz still bist und mit deiner Freundin nicht über das sprichst, was du da siehst oder gesehen hast. Es sei denn, sie ist so aufgeschlossen und souverän, dass sich daraus vielleicht sogar ein interessantes Gespräch ergibt. Unbewusst kann das die erotische Spannung zwischen euch beiden sogar steigern. Aber im Allgemeinen ist es besser, du verkneifst dir lüsterne Blicke, wenn sie dabei ist. Das würde sie nur unnötig verletzen.

Bekommt sie es jedoch mit, wenn du gerade einer anderen nachsiehst, dann erkläre ihr offen und ehrlich, dass du eben ein Junge bist und manchmal Spaß daran hast, solchen Mädchen nachzusehen. Das hat nichts mit deiner Liebe zu ihr zu tun, sondern nur mit deinen momentanen sexuellen Gefühlen als Mann. Glaubt sie das nicht, sollte sie unbedingt an ihrem Selbstbewusstsein arbeiten und sich eh rlich fragen, ob sie nicht auch mal einem anderen Jungen hinterherlinst, der einen knackigen Po hat. Das tun Mädchen nämlich ganz genauso.

Doch sie sind eben oft auch sehr empfindlich und interpretieren in deine Blicke viel mehr hinein, als du dir vorstellen kannst. Du denkst dir nicht viel dabei, einem Minirock nachzuschauen, und sie sieht darin schon das Ende eurer Beziehung. Sie denkt, sie sei dir nicht hübsch genug, sonst würdest du ja nicht deine Augen auf eine andere lenken. Das verunsichert sie, weckt Selbstzweifel in ihr. Daher ist es wichtig, dass du ihr klar zu verstehen gibst, dass du sie liebst – und zwar nur sie. Auch wenn sie keinen heißen Mini trägt.

Ganz abgesehen von der Reaktion deiner Freundin solltest du dir als Junge und später als Mann darüber im Klaren sein, dass Mädchen, die sich sexy kleiden, kein Freiwild sind. Es ist ein weitverbreiteter und wohl nicht auszurottender Irrtum vieler Männer, Frauen würden nur ihretwegen aufreizend herumlaufen. »Eine, die im Ultramini herumspaziert, will doch nichts anderes als Sex, die wartet doch geradezu darauf, dass man(n) ihr unter das Röckchen greift«, behaupten immer wieder welche. Aber dem ist ganz und gar nicht so!

Diese Mädchen und Frauen haben Spaß daran, ihre äußerliche Wirkung und zwar nicht nur auf Männer – zu testen. Es ist genauso ein Spaß für sie, wie du ihn hast, wenn du ihr nachschaust. Nicht mehr und nicht weniger.

WELCHE FEHLER SOLLTE MAN ALS JUNGE UNBEDINGT VERMEIDEN?

Auch wenn deine Freundin sehr tolerant und verständnisvoll ist, hat sie dennoch ihre Schmerzgrenzen – und die solltest du keinesfalls überschreiten. Denn Respekt voreinander ist eine Grundvoraussetzung für eine Beziehung. Und man muss jeden Tag etwas dafür tun. Liebesglück gibt es nicht umsonst. Jetzt nicht – und auch später nicht.

Besonders schlimm wäre es für deine Freundin, wenn du sie mit einer anderen betrügen würdest. Das kannst du sicher gut nachvollziehen, denn das würde dir umgekehrt auch sehr wehtun. Zudem ist es unklug, sie vor anderen lächerlich zu machen oder alles besser wissen zu wollen als sie. Das ist beziehungsfeindlich. Es ist aber nicht minder schlecht für eure Liebe, wenn du zu sehr klammerst, sie als deinen Besitz betrachtest, dich nicht für ihre täglichen Probleme in der Schule oder im Job interessierst, aber erwartest, dass sie zum Sex mit dir bereit ist.

Was du außerdem noch vermeiden solltest: ihre Freundinnen oder ihr Hobby schlechtzureden. Es ist besser, wenn du versuchst, ein bisschen daran teilzuhaben. Denn wenn sie sich von dir genervt fühlt, könnte es sein, dass sie lieber Schluss macht, als sich das noch länger anzuhören. Manche Jungen lassen sich auch gehen, wenn sie glauben, ihr Traumgirl ganz fest an der Angel zu haben. Sie achten nicht mehr so sehr auf ihr Äußeres oder darauf, wie sie sich ihr gegenüber benehmen. Wenn du das bei dir bemerkst, dann zieh schnell die Notbremse, und bringe dich wieder aktiv und interessiert in eure Beziehung ein.

WARUM ORGANISIERT SIE ETWAS, WAS ICH GAR NICHT WILL?

Wenn Mädchen verliebt sind, wollen sie das meist auch zeigen. Vor allem dem Jungen, der sie glücklich macht. Sie lassen sich dann oft die tollsten Dinge einfallen und vergessen in ihrer Euphorie, ihn zu fragen, ob er das überhaupt will. Das bringt ihn wiederum in eine missliche Lage: Er will ihr nicht die Freude verderben, hat aber eigentlich keine Lust.

Tobias (17):
»Weil ich mal erzählt habe, dass ich meinen Geburtstag noch nie großartig gefeiert habe, aber mal Lust darauf hätte, hat sie gleich ein Riesenfest mit 3o Leuten organisiert. Mir war das total peinlich. Einige aus unserer Schule die in ihrer Freizeit in einer Band spielen, mussten für die Musik sorgen, und sie flitzte nur herum und hatte lauter nette Überraschungen für mich bereit. Ich hätte mich am liebsten unter dem Tisch verkrochen, so doof kam ich mir vor. Sie aber konnte gar nicht verstehen, dass mir das nicht gefiel, wo sie sich so ins Zeug gelegt hatte.«

Du kannst sicher sein: Sie wollte dir eine große Freude machen und hat sich völlig verausgabt, um dieses Fest auf die Beine zu stellen. Außerdem wollte sie dir vielleicht auch zeigen, wie stark sie ist und wie sehr du dich auf sie verlassen kannst. Nun erwartet sie eigentlich Komplimente und ein dickes Dankeschön für ihre Mühe. Diesen Wunsch solltest du ihr zumindest erfüllen.

Wenn die Gelegenheit günstig ist, solltest du ihr aber auch sagen, dass es zwar ganz toll war und du sehr stolz auf sie bist, aber dass du eben nicht der Typ für so etwas bist. Bitte sie ganz liebevoll, künftig erst mit dir darüber zu sprechen, bevor sie größere Aktionen einleitet. Du siehst, es gibt viele Dinge in einer Beziehung, die man erst lernen muss, die sich aber mit der Zeit einspielen.

WORAUF MUSS ICH ACHTEN, WENN ICH EIN MÄDCHEN ZUM ERSTEN MAL KÜSSE?

Keine Frage: Der erste Kuss ist etwas sehr Aufregendes. Du willst dich nicht blamieren, nichts falsch machen und auch nicht als dummer Anfänger dastehen. Doch keine Angst! Das Risiko, dass etwas nicht klappt, ist beim Küssen höchst gering. Das meiste ergibt sich von selbst.

Es gibt kein Rezept, wie man richtig küsst. Jeder küsst anders, und jedes Paar entwickelt im Laufe der Zeit seinen eigenen Stil. Genau darin liegt auch der Zauber. Das Mädchen, das du küsst, empfindet wahrscheinlich ähnlich wie du. Selbst wenn sie vor dir schon andere Jungen hatte – mit dir ist es wieder etwas Neues für sie. Auch beim Küssen.

Taste dich vorsichtig heran, und leite sie ganz langsam in die Kussrichtung, die du für gut hältst. Es ist wie beim ersten gemeinsamen Tanz, bei dem du dich sachte auf sie einstellst, es mal so versuchst und mal so und schaust, ob sie dir folgt. Nach und nach bekommt ihr ein Gefühl dafür, was euch gefällt und was nicht. Beobachte die Reaktionen deiner Kusspartnerin genau, dann findest du schnell heraus, was sie mag.

KUSS-TIPPS

- Sag ihr, dass du ein bisschen unsicher bist, weil es das erste Mal ist. Du wirst sehen, gleich schwindet dieses Gefühl, denn ihr geht es ganz ähnlich.
- Nimm deinen Handrücken und probier verschiedene Küsse aus, bevor du es mit ihr tust. Das gibt dir mehr Sicherheit.
- Küsse mit viel Gefühl! Heftiges Saugen oder ungeschicktes Lutschen sind Kusskiller. Die Lippen sollen sich sanft und liebevoll berühren.
- Mundgeruch durch Rauchen, Knoblauch oder Zwiebeln, ungepflegte Zähne und Kaugummi törnen ab. Aber das versteht sich eigentlich von selbst.

KANN ICH MICH BEIM KÜSSEN MIT KRANKHEITEN ANSTECKEN?

Küssen ist gesund! Es stärkt sogar das Immunsystem. Allerdings: Bis zu 300 Keime und Bakterien werden bei einem Kuss ausgetauscht, die aber von einer natürlichen »Schutzpolizei« im Mund unschädlich gemacht werden.

Schwieriger wird es, wenn deine Kusspartnerin unter einer ansteckenden Krankheit leidet, wie z. B. Herpes, Hepatitis B, Tripper oder Grippe. Die Erreger können bei Mundküssen bzw. intimen Küssen übertragen werden.

Jan (17):
»Ich habe gehört, dass man sich beim Küssen auch Aids holen kann. Aber was mache ich, wenn mir das Mädchen nicht sagt, dass es diese Krankheit hat?«

Zu deiner Beruhigung: Bei Mundküssen kann man sich nicht mit der immer noch unheilbaren Immunschwächekrankheit Aids anstecken. Selbst wenn einer der beiden Partner HIV-positiv ist, müssten beim Küssen mehrere Liter Speichel ausgetauscht werden, damit es zu einer Infektion kommen kann. Das ist praktisch unmöglich.

Wichtig: Wer jedoch beim Oralverkehr Scheidensekret oder Sperma in den Mund bekommt, kann sich sehr wohl mit HIV infizieren, wenn der Partner positiv ist.

Wenn einer von euch gerade Herpes hat – das sind die kleinen, unangenehmen Lippenbläschen –, dann ist Küssen bis zum vollständigen Abheilen streng verboten, denn Herpes ist sehr ansteckend.

KÜSSEN MIT PIERCING ODER ZAHNSPANGE: WIE SEHR STÖRT SIE DAS?

Wenn du ein Lippen- oder Zungenpiercing hast, dann solltest du unbedingt vorher abchecken, ob deine Kusspartnerin damit umgehen kann. Manche Mädchen fahren total darauf ab, andere finden es eklig.

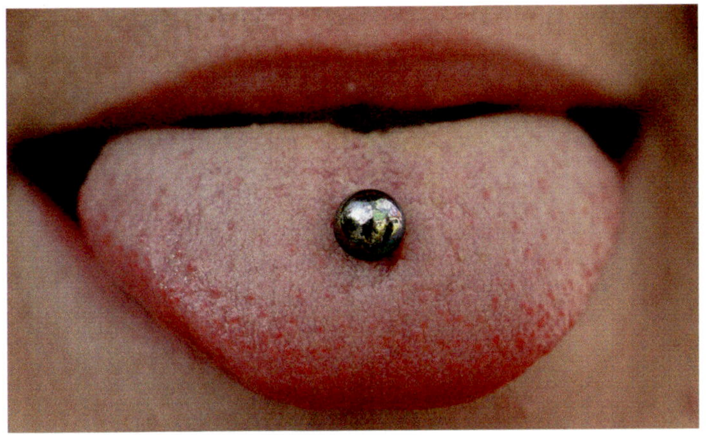

Auch Zahnspangen können ein Problem sein. Doch sie stören beim Küssen viel seltener, als manche glauben.

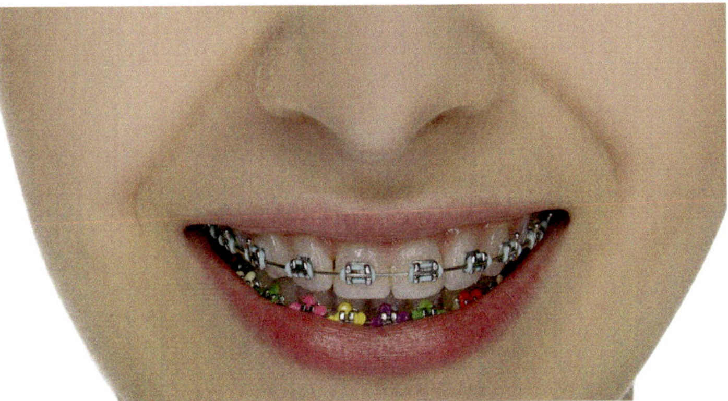

Ob Piercing oder Zahnspange: Am besten ist, du sprichst offen darüber. Wenn sie dich trotzdem küsst, ist es ihr egal. Und dann solltest auch du dir keine Gedanken mehr darüber machen.

NA, SO WAS! INTERESSANTES RUND UMS KÜSSEN

- 97 Prozent der Frauen und nur 30 Prozent der Männer küssen mit geschlossenen Augen.
- Sorry! Durch Küssen nimmt man nicht ab. Pro Kuss werden nur ca. zwölf Kalorien verbraucht.
- Leidenschaftliche Küsse dauern heute doppelt so lang wie in den 80er-Jahren: im Durchschnitt zwölf Sekunden.
- Beim Küssen werden 29 Gesichtsmuskeln in Schwung gebracht.
- Der Adrenalinspiegel steigt und bringt Kreislauf und Durchblutung in Schwung. Dein Puls steigt auf bis zu 120 Herzschläge pro Minute.
- Gute Laune dank Küssen, denn beim Spiel mit den Lippen werden Glückshormone ausgeschüttet, die sogenannten Endorphine.
- Seinen Ursprung hat der Kuss laut Verhaltensforschern vom Saugen an der Mutterbrust. Neuere Theorien sehen im Kuss eine menschliche Variante des Beschnüffelns und Beleckens unserer tierischen Vorfahren.

3. IM BETT: DEINE FREUNDIN, EIN UNBEKANNTES WESEN

SEX MIT EINEM MÄDCHEN ODER EINEM ANDEREN JUNGEN: WARUM GIBT ES EIN SCHUTZALTER? WAS IST VERBOTEN, WAS IST ERLAUBT?

Du möchtest mit deiner Freundin intim werden. Doch das ist nicht ausschließlich eine Sache von momentanen Gefühlen, sondern kann sich nachhaltig auf dein Leben auswirken. Gerade wenn ihr beide noch jünger seid. Kritisch kann es auch werden, wenn einer deutlich älter ist als der andere. Daher ist es wichtig, dass du einige gesetzliche Bestimmungen kennst. Ab welchem Alter ist Sex eigentlich erlaubt? Macht man sich unter Umständen sogar strafbar?

WENN DU NOCH NICHT 14 BIST

Es ist keine bloße Willkür des Gesetzgebers, dass er Sex mit Kindern verbietet. Denn die Erfahrung zeigt, dass sich Kinder unter 14 (viele auch noch später) in einer sexuellen Orientierungsphase befinden. Solange die andauert, sind Kinder in ihrer Sexualität noch sehr beeinflussbar und verletzlich.

Deshalb verbietet das Gesetz, sich in dieser Lebensphase aktiv – also durch eine körperlich intime Beziehung – in die sexuelle Entwicklung eines Kindes einzumischen, weil das für seine Psyche schädlich sein kann.

Das bedeutet auch: Wenn du schon 14 oder älter bist, aber das Mädchen noch 13, solltest du unbedingt die Finger von ihr lassen. Auch wenn sie selbst es ignoriert oder dir gar vorschwindelt, sie sei älter, könnten ihre Eltern trotzdem Anzeige gegen dich erstatten. Und du bist ab 14 schuldfähig und kannst nach dem Gesetz bestraft werden – theoretisch schon für einen Zungenkuss oder ein kleines Petting. Meist hat eine freiwillige sexuelle Beziehung allerdings keine rechtlichen Folgen, die Rechtsprechung ist in diesem Punkt nicht einheitlich.

Da das Gesetz für alle gleich ist, gilt die Altersgrenze von 14 auch für alle. Auch dann, wenn ein Mädchen oder ein Junge psychisch oder körperlich bereits weiter entwickelt ist als seine Altersgenossen.

Das gilt auch, wenn ein Junge in einen anderen Jungen verliebt ist. Denn ob hetero, schwul, lesbisch oder bi – mit 13 kann man nur sehr selten mit Sicherheit sagen, welche sexuelle Orientierung ein Mensch hat. In dieser Phase lernt man zunächst, mit seinen erwachenden Sexgefühlen und -fantasien umzugehen.

Viele fragen in diesem Alter: »Bin ich schwul, weil ich oft von anderen Jungen träume?« Oder: »Ich hab mit meinem besten Freund geknutscht. Das hat mich erregt. Bin ich jetzt schwul?«

Doch zu diesem Zeitpunkt kann man das noch nicht beantworten. Die Wahrheit ist: Kann sein, kann aber auch nicht sein. Erst mit der Zeit stellt sich heraus, zu welchem Geschlecht sich ein Junge hingezogen fühlt. Und in diesen allmählichen Entwicklungsprozess sollte sich niemand einmischen. Auch du nicht!

Egal, wie du darüber denkst: Es bringt nichts, darüber zu diskutieren, ob deinem Freund eine sexuelle Beziehung mit dir nun wirklich schadet oder nicht. Denn rein gesetzlich ist das bis zu seinem 14. Geburtstag sowieso verboten. Egal, wie reif er dir oder anderen für sein Alter erscheint.

WENN DU 14 ODER 15 BIST

Dann darf dein(e) Freund(in) höchstens 20 Jahre alt sein. Ausnahme: wenn ihr eine echte Liebesbeziehung habt und nicht nur eine flüchtige sexuelle. Ist er/sie schon 21 oder älter, macht er/sie sich im Prinzip wegen sexuellen Missbrauchs von Jugendlichen (§ 182 StGB) strafbar. Allerdings nur dann, wenn jemand der Meinung ist, dass dir diese Beziehung schadet, zur Polizei geht und Anzeige erstattet. Doch dann muss diese Person nachweisen, dass eure Beziehung tatsächlich nicht gut für dich ist. Liebt ihr euch und fühlt euch wohl zusammen, habt ihr nichts zu befürchten.

WENN DU 16 BIST

Wenn du die magische 16 überschritten hast, kannst du Sex haben, mit wem du willst, egal, wie alt sie/er ist (solange sie/er über 14 ist natürlich). Aber für alle sexuellen Kontakte gilt in jedem Fall: Niemand darf gegen seinen Willen mit Gewalt oder Drohungen zu sexuellen Handlungen gezwungen werden.

WENN DEINE ELTERN ETWAS DAGEGEN HABEN, DASS DU MIT DEINER FREUNDIN ODER DEINEM FREUND SCHLÄFST

Bist du noch nicht 14, haben deine Eltern zu Recht etwas gegen eine so frühe Beziehung. Denn kein Erwachsener darf sexuellen Handlungen an Kindern unter 14 Jahren zustimmen oder sie gar »fördern« (§ 180 StGB). Anderenfalls macht man sich strafbar.

Seid ihr beide aber 15, und deine Eltern wollen nicht, dass du schon sexuell aktiv bist, dann musst du mit ihnen verhandeln. Nach dem Gesetz darfst du Sex haben, aber deine Eltern sind für dich verantwortlich, bis du 18 bist, und haben eine Erziehungspflicht. Das heißt: Sie sollen dich zu mehr Selbstständigkeit erziehen, was damit verbunden ist, dir im Laufe der Zeit auch mehr Eigenverantwortung zu übertragen.

Wenn du aber gegen den Willen deiner Eltern heimlich mit deiner Freundin schlafen willst, musst du dir darüber im Klaren sein, dass es daheim Ärger geben könnte, wenn es rauskommt.

Achte außerdem unbedingt darauf, richtig zu verhüten und dich zu schützen, um mögliche Folgen eines sexuellen Abenteuers auszuschließen. Aids ist immer noch eine unheilbare Krankheit – und sicher willst du auch nicht, dass deine Freundin gleich schwanger wird. Sex und Verantwortung gehören immer zusammen, und Verhütung ist genauso deine Sache wie die des Mädchens.

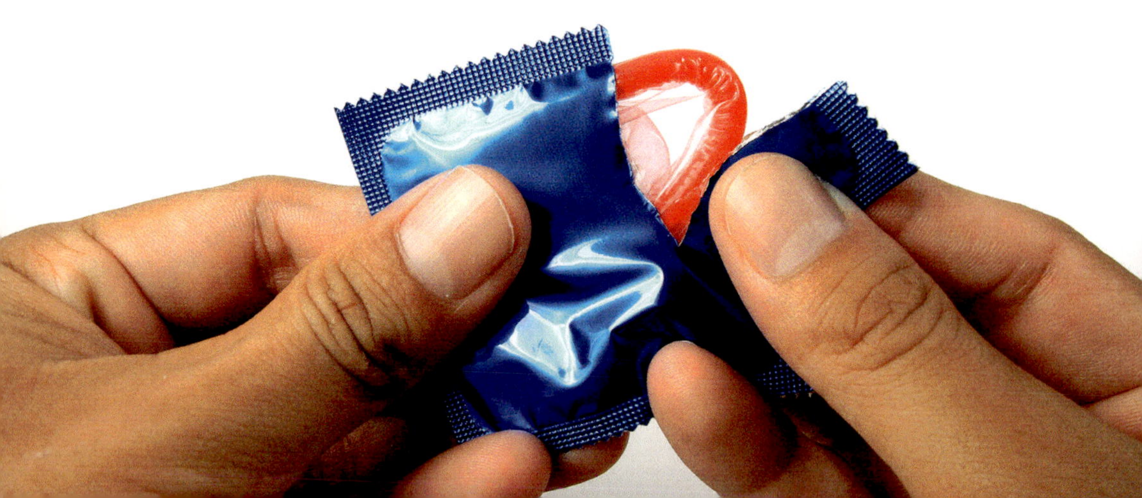

SOLL ICH ERST EINEN AIDSTEST VERLANGEN, BEVOR ICH MIT IHR SCHLAFE?

Yannick (15):
»Ich habe sehr viel von Aids gehört und will deshalb mit meiner Freundin nur schlafen, wenn sie einen Test machen lässt. Ich tue das natürlich auch. Doch sie findet das doof und wirft mir vor, ich sei misstrauisch. Aber ich bin doch nur vorsichtig und will mir nichts holen.«

Du handelst sehr verantwortungsvoll. Deine Freundin sollte froh und dankbar sein, dass du dir darüber Gedanken machst, und selbst auch zu einem Test bereit bist. Doch bevor ihr einen Arzt aufsucht, könnt ihr schon mal selbst gemeinsam einige Punkte klären:

- **Hattest du schon mal Vaginalverkehr (per Scheide) oder Analverkehr (per Po) ohne Kondom?**
- **Hattest du schon mal Oralverkehr (per Mund)?**
- **Hast du schon mal Drogen gespritzt und die Spritze mit anderen getauscht?**
- **Hattest du, z.B. durch einen Unfall, schon mal Blutkontakt mit anderen?**

Wenn ihr diese Fragen beide ausschließlich mit »Nein« beantworten könnt, ist es sehr unwahrscheinlich, dass einer von euch mit dem HI-Virus infiziert ist, denn dann könnt ihr euch auch nicht angesteckt haben. Oft kann man selbst einschätzen, ob man sich überhaupt angesteckt haben kann. Denn Aids bekommt nicht einfach so, sondern man holt es sich.Wenn aber einer von euch unsicher ist, ob er sich bisher ausreichend davor geschützt hat, dann ist ein Test auf jeden Fall Pflicht. Man kann das beim Gesundheitsamt kostenlos und anonym erledigen lassen. Bei einem Arzt muss man den Test meist selbst bezahlen.

DER RICHTIGE ZEITPUNKT FÜRS ERSTE MAL: WIE MERKE ICH, OB SIE ES AUCH WILL? WANN FÜHLT SICH EIN MÄDCHEN BEDRÄNGT?

Es ist eine zentrale Frage, die jeden Jungen und jedes Mädchen irgendwann beschäftigt: Wann ist der richtige Zeitpunkt für das erste Mal? Doch das lässt sich nicht so eindeutig beantworten. Auch wenn Jugendliche nach dem Gesetz ab 14 miteinander Sex haben können, sagt das nichts darüber aus, ob du dich schon reif dafür fühlst. Das ist individuell sehr verschieden, sodass letztlich jeder selbst entscheiden muss, wann es für ihn so weit ist.

Dazu kommt natürlich, dass das Mädchen damit auch einverstanden sein muss. Du kannst ihr zeigen, dass du bereit bist, indem du es ihr sagst oder es sie spüren lässt. Auf keinen Fall solltest du sie drängen oder unter Druck setzen. Sie wird dir ein unmissverständliches Signal geben oder mit dir darüber sprechen, wenn sie auch will. Ansonsten ist noch etwas Geduld angesagt. Wenn dir wirklich etwas an ihr liegt, dürfte dir das nicht allzu schwer fallen.

Maximilian (17):
»Ich habe schon mit 14 meine ersten Erfahrungen gemacht. Aber das war nichts Besonderes. Meine damalige Freundin hatte genauso wenig Ahnung wie ich. Wir haben uns geküsst und ein bisschen rumgemacht, Petting und so. Ich war total aufgeregt und glaubte, alles falsch zu machen. Aber durch dieses Erlebnis habe ich einiges über Mädchen gelernt. Richtigen Sex für Erwachsene hatte ich erst vor ein paar Wochen mit meiner jetzigen Freundin. Das ist vielleicht etwas spät, aber für uns beide war das okay. Auch wenn andere denken, dass wir mit 17 schon ziemlich alt für das erste Mal waren – uns ist das egal.«

David (15):
»Das Mädchen, mit dem ich seit ein paar Monaten zusammen bin, ist meine große Liebe. Wir haben uns ganz langsam aneinander rangetastet und auch verhütet. Ihre Eltern waren nicht da und wir hatten sturmfreie Bude. So was Schönes habe ich noch nie erlebt! Sie hat sogar geweint vor Glück. Auch ich habe irgendwie ganz tolle Gefühle in mir gespürt. Wir wollen ein Leben lang zusammenbleiben, auch wenn uns alle auslachen, wenn wir das sagen. Für uns war das auf jeden Fall der ideale Zeitpunkt.«

Zwei ganz unterschiedliche Erfahrungen, die zeigen, wie wichtig es ist, dass der Zeitpunkt stimmt und beide einverstanden sind. Wer meint, jetzt müsse er es einfach mal ausprobieren, damit er auch mitreden kann, handelt sich womöglich eine große Enttäuschung ein. Doch es gibt auch keine Garantie dafür, dass es besonders schön wird, wenn man es bis ins Detail plant und vorbereitet.

Am besten wird es oft, wenn es sich von selbst ergibt. Aber auch das ist kein Patentrezept. Du musst es mit deiner Freundin selbst herausfinden, erspüren, erfühlen.

Manch ein Junge kann es gar nicht mehr erwarten, mit seiner Freundin endlich Sex zu haben. Doch nichts mögen Mädchen weniger, als gedrängelt zu werden. Das tust du, wenn du versuchst, sie zu überreden, oder wenn du ihr zu verstehen gibst, dass du dir sonst eine andere suchst. Damit offenbarst du ja indirekt auch, dass es dir hauptsächlich um deine sexuelle Befriedigung geht und nicht so sehr um genau dieses Mädchen. Das ist verletzend für sie, und so wirst du sie bestimmt nicht aus der Reserve locken.

Wenn sie »Nein« sagt, dann solltest du das auch akzeptieren und dir nicht einreden, dass sie vielleicht doch »Ja« meinen könnte und es sich nur nicht zu sagen traut. Sei sicher: Ein Mädchen von heute traut sich auch »Ja« zu sagen, aber wenn sie »Nein« sagt, dann meint sie auch »Nein«.

Hält sie dich immer wieder hin und verspricht, »nächstes Mal bestimmt«, dann bitte sie klar und deutlich, entweder ihr Versprechen zu halten oder keines mehr zu geben. Denn das ist unfair dir gegenüber, weil du dir jedes Mal Hoffnungen machst, die dann wieder enttäuscht werden.

Natürlich ist es unangenehm, einen Korb zu bekommen. Aber du solltest es wirklich nicht persönlich nehmen. Sie lehnt nicht ab, weil du ihr nicht gut genug bist, sondern weil sie einfach nicht will. Je verständnisvoller du das aufnimmst, desto interessanter machst du dich für sie und desto sympathischer bist du ihr. Signalisiere deine Bereitschaft, sei wachsam, aber lass ruhig sie ein bisschen die Initiative ergreifen! Wenn sie dich liebt und auch mit dir ihr erstes Mal erleben will, wird sie sich schon irgendwann bemerkbar machen, und dann kannst du einhaken.

Viele Jungen und Männer fühlen sich geradezu beleidigt, wenn eine Frau sie ablehnt. So mancher hält sich für unwiderstehlich und glaubt, eine Frau müsse froh sein, einen wie ihn abzubekommen. Diese Denkweise ist beziehungsfeindlich und nichts weiter als dummes, altmodisches Machogehabe. Das solltest du dir gar nicht erst angewöhnen, auch im Hinblick darauf, dass du später mit einer Frau glücklich werden willst. Beziehung heißt immer auch: Gegenseitigkeit.

Wann erleben andere ihr erstes Mal?

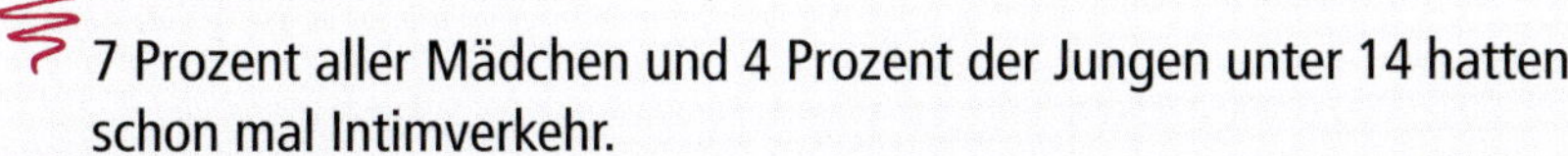

- 7 Prozent aller Mädchen und 4 Prozent der Jungen unter 14 hatten schon mal Intimverkehr.

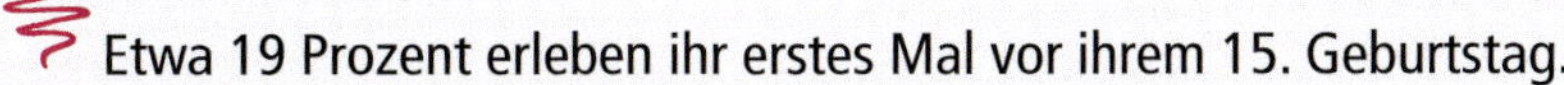

- Etwa 19 Prozent erleben ihr erstes Mal vor ihrem 15. Geburtstag.
- 50 Prozent aller Mädchen und 34 der Jungen haben diese Erfahrung bis zu ihrem 16. Lebensjahr gemacht.
- Mit 17 haben etwa 65 Prozent beider Geschlechter ihr erstes Sexerlebnis hinter sich.
- Mit ihrem ersten Mal sind 80 Prozent der Jungen sehr zufrieden, aber nur 60 Prozent der Mädchen.
- Für etwa 17 Prozent beider Geschlechter, war das erste mal „nichts Besonderes".
- 22 Prozent der Mädchen, aber nur 1 Prozent der Jungen fanden das erste Mal etwas unangenehm.

Quelle: Bundeszentrale für gesundheitliche Aufklärung (BZgA)

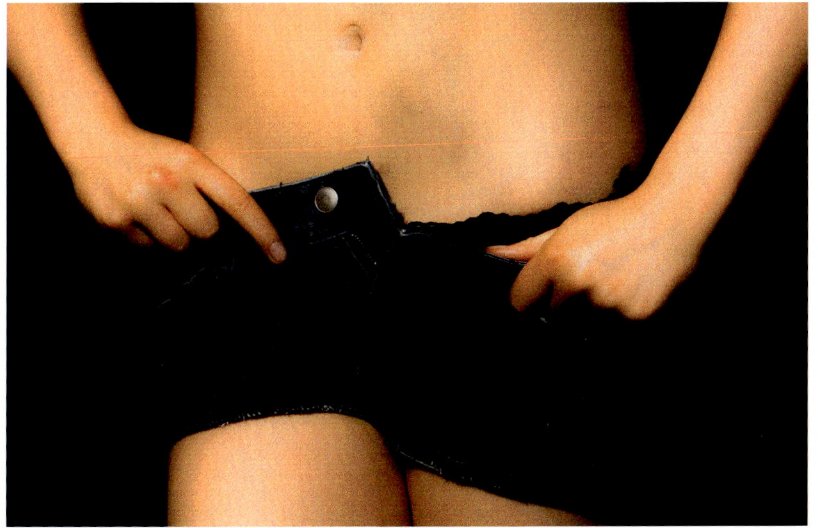

KANN ICH IHR DIE HAND FÜHREN UND IHR ZEIGEN, WO ES MIR BEIM SEX GUTTUT?

Der erste Sex mit deinem Traumgirl soll ein ganz besonderes Erlebnis werden. Ihr wollt auf keinen Fall etwas falsch machen. Als Junge fühlst du dich auch verantwortlich dafür, dass es genauso schön wird, wie sie es sich vorstellt. Wenn du das Gefühl hast, dass sie sich nicht traut, die Hand an deinen Penis zu legen und ihn zu stimulieren, dann wird sie sicher nichts dagegen haben, wenn du ein bisschen nachhilfst und sie führst. Sie wird dich dann auch allmählich zu ihrer Scheide lotsen.

Der Scheideneingang des Mädchens sollte feucht sein. Ist das der Fall, kannst du es als Zeichen werten, dass sie bereit ist. Wenn du dir nicht sicher bist, frage sie lieber noch einmal. Sie muss es wirklich wollen, das ist die Voraussetzung für ein Liebesspiel, das für euch beide schön ist.

Die Scheide ist sehr elastisch und passt sich jeder Penisgröße an. Gehe sehr behutsam, langsam und vorsichtig vor, wenn du dein Glied in ihre Scheide einführst. Berührt dein Penis das Jungfernhäutchen des Mädchens, kann es einen leichten Widerstand geben. Mit einem kurzen, schnellen Stoß lässt er sich überwinden.

Anmerkung am Rande: Manche Mädchen haben kein Jungfernhäutchen mehr, weil es entweder beim Sport oder beim Onanieren schon gerissen ist – oder weil sie nie eines hatten. Auch das gibt es. Wenn sie also sagt, dass sie noch Jungfrau ist, kann das durchaus stimmen, auch wenn sie kein Jungfernhäutchen mehr hat.

TIPPS FÜR EIN SCHÖNES ERSTES MAL

- Schaut euch beim Sex an. Es gibt keinen Grund, sich für irgendetwas zu schämen.
- Sorgt unbedingt für sichere Verhütung (Pille und Kondom), damit das erste Mal keine unerwünschten Folgen hat.
- Rollt das Kondom gemeinsam über, es schützt auch vor Aids. Das hat nichts mit Misstrauen zu tun, sondern ist ein Stück Verantwortung, die du für dich selbst und den anderen trägst.
- Nehmt euch genug Zeit, damit ihr es genießen könnt. Wenn es einer eilig hat, sollte man das erste Mal lieber noch verschieben.
- Hüpft nach dem Sex nicht gleich aus dem Bett, sondern kuschelt noch ein bisschen. Das tut gut und ist ein krönender Abschluss.

WELCHE SEXTECHNIK IST BEIM ERSTEN MAL AM BESTEN?

Viele Mädchen haben Angst, dass es beim ersten Mal wehtut. Und viele Jungen haben Bammel davor, dass sie ihr wehtun könnten. Aber wenn ihr beide liebevoll und sachte miteinander umgeht, besteht kein Grund zur Sorge. Zwingt euch zu nichts, nehmt euch Zeit und die Freiheit, es von Neuem zu probieren, wenn es im ersten Anlauf nicht so richtig klappen will.

Wenn ihre Scheide nicht feucht wird, kann es sein, dass sie sich nicht wohlfühlt und vielleicht Angst hat. Hat sie aber Lust und die Scheide ist trotzdem trocken, hilft ihr etwas Spucke oder ein Gleitgel, das es in Apotheken oder Drogerien zu kaufen gibt.

Die beste Technik ist für den Anfang die sogenannte Missionarsstellung. Dabei liegt das Mädchen auf dem Rücken und du auf ihr. So könnt ihr euch in die Augen sehen, euch umarmen, streicheln und küssen. Diese Stellung ist für beide bequem, unkompliziert und praktisch, und du kannst deinen Penis problemlos in ihre Scheide einführen. Extra aufregend ist es, wenn sie ihre Beine um deine Hüften schlingt.

Im Laufe der Zeit werdet ihr automatisch noch andere interessante Stellungen entdecken. Das ist eine spannende Phase, an die du später bestimmt noch manchmal zurückdenken wirst.

WIE WICHTIG IST ES FÜR EIN MÄDCHEN, WIE GROSS MEIN PENIS IST?

Philipp (16):
»Ein paar Kumpels von mir, die schon älter sind, haben erzählt, dass Mädchen und Frauen auf Männer mit großem Penis stehen. Wer einen kleinen hat, kann gleich einpacken. Ich überlege nun, ob ich überhaupt eine Chance habe bei Frauen, denn meiner ist nicht so riesig. Muss ich damit leben? Was kann ich tun, damit er etwas größer wird?«

Fast alle Jungen und Männer haben Angst, ihr Penis könnte zu klein sein. Doch Mädchen und Frauen haben zu diesem Thema eine ganz andere Meinung. So ist ein besonders langes Glied bei Frauen häufig gar nicht so beliebt, weil es am Gebärmutterhals Schmerzen verursachen kann. Ein sehr schmaler Penis ist auch nicht so günstig, weil sie ihn kaum spüren kann. Ein ungewöhnlich dickes Glied dagegen versetzt auch nicht jede Frau in Entzücken, denn wenn der Junge oder Mann ein wenig unsensibel ist und zu früh eindringen will, tut es ihr weh. Zusammengefasst: Die Größe ist für guten Sex absolut nicht entscheidend.

Am besten ist das durchschnittliche Maß, das nach einer Studie bei deutschen Männern im erigierten Zustand bei 14,48 Zentimetern liegt. Aber auch 12 oder 13 Zentimeter sind normal, ebenso wie 15 oder 16 Zentimeter.

Umfragen zufolge überschätzen die meisten die Länge ihres besten Stücks: 82,4 Prozent glauben, es sei länger, als hinterher das Maßband zeigt. Ein Drittel der Jungen und Männer kauft regelmäßig zu große Kondome deshalb besorgen auch Mädchen und Frauen oft selbst welche, die dann eher passen.

Größe hin und Länge her – viel wichtiger ist Mädchen und Frauen, dass er damit umzugehen weiß. Was nützt ihr das schönste Glied, wenn er sich damit nur gedankenlos seine Befriedigung holt und nicht auf sie eingeht?

Ein Junge, der einen bleibenden Eindruck beim Mädchen seiner Träume hinterlassen will, sollte also möglichst einfühlsam sein, ihre Wünsche berücksichtigen, sie nicht überrumpeln und sich viel Zeit nehmen. Wenn du das beherrschst, spielt die Größe, Länge oder Dicke deines Penis für sie überhaupt keine Rolle.

Wenn ein Mädchen lieber einen Jungen möchte, der einen großen, dicken Penis hat, dann ist dies meist ein Wunsch, der durch bestimmte sexuelle Fantasien entstanden ist – oder eben ihr ganz persönlicher Geschmack. Doch in der Regel sind es eher erwachsene und sexuell erfahrene Frauen, die solche Vorlieben haben.

Mädchen in deinem Alter, die noch Angst vor etwaigen Schmerzen haben und sich genau wie du noch auf sexueller Entdeckungsreise befinden, finden einen kleineren, durchschnittlichen Penis meist angenehmer.

HÄLT SIE MICH FÜR EINEN BESSEREN LIEBHABER, WENN ICH EINEN GROSSEN PENIS HABE?

Der Penis ist der zentrale Punkt deiner Männlichkeit. Prahlereien von anderen Jungen oder Bilder von nackten Männer-Models mit üppigem, erigiertem Glied verunsichern dich. Du bildest dir manchmal ein, alle anderen hätten einen wesentlich perfekteren Penis als du, und Mädchen seien etwas Besseres gewohnt als das, was du zu bieten hast.

Leon (16):
»Meine Freundin sieht super aus und könnte jeden haben. Vor Kurzem hatte ich mit ihr Streit, weil ich gesagt habe, dass ich bestimmt nicht gut genug für sie sei als Liebhaber. Mein Pimmel ist nicht so toll wie der von anderen, aber sie erzählt mir, dass sie sich mit mir total wohlfühlt. Das hört sich nett an, aber ich kann es ihr nicht so recht glauben. Meint sie es wirklich so, oder will sie mich nur beruhigen?«

Du befürchtest, dass du die Erwartungen deiner Freundin nicht erfüllen kannst. Das ist allein dein Problem – nicht ihres! Im Übrigen: Woher willst du wissen, dass dein Pimmel nicht so toll ist wie der anderer? Kennst du sie alle? Nein! Wahrscheinlich denken die anderen, dass du den idealen Penis hast und nur sie nicht. Du siehst also, wie verrückt es ist, sich da in etwas hineinzusteigern.

Freu dich stattdessen lieber darüber, dass deine Freundin glücklich und zufrieden ist mit dem, was du ihr gibst. Kein Wunder, dass sie genervt ist, wenn du ihr das nicht glauben willst. Normalerweise verhalten sich eher Mädchen so kompliziert und irrational, aber wenn es um ihr bestes Stück geht, dann sehen auch Jungs Schwierigkeiten, die gar nicht wirklich vorhanden sind.

Das Wachstum des Penis beginnt mit der Pubertät, die zwischen dem 11. und 14. Lebensjahr anfängt und rund vier bis fünf Jahre dauert. Etwa ein Jahr nach Einsetzen der Pubertät vergrößert sich dein Glied. Die ursprüngliche Größe, die Schnelligkeit des Wachstums und seine endgültige Größe sind von Junge zu Junge sehr verschieden. Aber spätestens mit etwa 18 Jahren ist der Penis ausgewachsen.

Die Größe eines schlaffen Penis sagt nichts darüber aus, wie groß er ist, wenn er steif wird. In der Regel »wächst« ein großer bei einer Erektion weniger als ein kleiner Penis. Das beste Stück erwachsener Männer ist im schlaffen Zustand durchschnittlich zwischen 7 und 12 Zentimetern lang. Wenn es steif ist, sind es ca. 10 bis 20 Zentimeter. Bei Jungen, die noch in der Pubertät stecken, kann der Penis entsprechend kleiner sein. Das ist ganz normal.

Doch es ist nicht in erster Linie dein Penis, der ein Mädchen glücklich macht, sondern vor allem die Art, wie du dich ihr gegenüber verhältst. Dein Penis hat für ein Mädchen eine weitaus geringere Bedeutung, als du dir vielleicht vorstellen kannst. Für dich ist er der Mittelpunkt, für sie aber lediglich ein Geschlechtsteil, das dazugehört, das Lust und Freude bereiten kann, aber manchen Mädchen auch Angst.

Dazu kommt, dass das Lustzentrum einer Frau, die Klitoris (auch Kitzler genannt), außerhalb der Scheide liegt. Und dort kommt weder ein kleiner noch ein großer Penis richtig hin. Am besten ist es, du stimulierst sie dort mit den Fingern. Wenn du die Klitoris nicht gleich findest, wird sie sicher nachhelfen und deine Hand dorthin führen. Für ihre Befriedigung und deine »Qualifikation« als Liebhaber ist die Größe deines Glieds also unbedeutend (s. auch Abschnitt: »Wie wichtig ist es für ein Mädchen, wie groß mein Penis ist?«, S. 87).

WARUM GENIEREN SICH MÄDCHEN, OBWOHL SIE EINE GUTE FIGUR UND SCHÖNE BRÜSTE HABEN?

Was für dich dein Penis ist, sind für ein Mädchen ihre Figur und ihr Busen. Beides ist enorm wichtig für ihr Selbstwertgefühl. Das Aussehen ist von zentraler Bedeutung für ihre Weiblichkeit. Doch wie schon mehrfach erwähnt, sind die meisten Mädchen damit unzufrieden und denken, alle anderen wären viel hübscher als sie. Du siehst, es geht ihnen in diesem Punkt ähnlich wie dir mit deinem Penis. Auch sie steht also beim Sex unter großem Druck – nicht nur du.

Die logische Folge ist, dass sie erst einmal davon ausgeht, dass du ihre Figur nicht gut findest. Das liegt daran, dass sie selbst nicht zufrieden ist damit. Egal, wie toll sie aussieht, sie wird immer etwas finden, was ihrer Meinung nach nicht perfekt genug ist. Natürlich gibt es auch Mädchen, die mit sich zufrieden sind, aber die Mehrheit ist es leider nicht.

Viele genieren sich auch wegen ihrer Brüste, die das weibliche Symbol schlechthin sind. Sie glauben, sie wären zu klein oder halten sie für zu groß. Nacktbilder von gut gebauten Models begegnen einem überall und setzen Maßstäbe dafür, wie eine Frau auszusehen hat. Zu viele Mädchen orientieren sich daran, was oft einen tragischen Verlauf nimmt und zu Magersucht und Bulimie führen kann.

Wenn du deine Freundin streichelst, solltest du unbedingt vermeiden, ihr das Gefühl zu geben, dass dir ihre Brüste nicht gefallen. Um Zweifel gar nicht erst aufkommen zu lassen, streiche mit der Hand zärtlich über ihren Busen, küsse ihn und sauge mit den Lippen (nicht mit den Zähnen zubeißen!) liebevoll an ihren Brustwarzen. Dort enden besonders empfindliche Nerven, sodass du damit schöne, kribbelige Gefühle in ihr weckst. Die kleinen Muskelfasern der Brustspitzen ziehen sich zusammen, die Brustwarze wird kleiner und richtet sich auf.

Wenn sie an den Hüften oder an anderen Körperpartien kleine Fettpölsterchen hat, ist es ihr möglicherweise peinlich, sich dir nackt zu zeigen. Sobald du merkst, dass sie sich geniert, dass sie sich nicht frei und unbefangen bewegt oder darüber klagt, kannst du die Anspannung lockern, indem du ihr sagst, dass du sie sehr schön findest, dass dich die Pölsterchen überhaupt nicht stören und dass du sie so magst, wie sie ist (s. auch Abschnitte: »Wieso hält sie sich immer für zu dick, isst nichts und ›muss‹ abnehmen?«, S. 54, und »Wann ist sie mit ihrem Aussehen eigentlich mal zufrieden?«, S. 57).

WIE KANN ICH IHR HELFEN, WENN SIE HEMMUNGEN HAT, SICH NACKT ZU ZEIGEN, UND SICH VOR MIR SCHÄMT?

Björn (16):
»Ich bin superglücklich, weil ich seit Kurzem mit einem Mädchen zusammen bin, das ich sehr, sehr mag. Sie ist ein total außergewöhnlicher, selbstbewusster Typ und ziemlich schrill und cool. Mit ihr fällt man richtig auf. Nicht, weil sie so schön ist, sondern so besonders, so anders. Als ich nun ein bisschen intim mit ihr wurde, merkte ich, dass sie gar nicht so cool ist. Im Gegenteil! Sie war megaaufgeregt und es dauerte ziemlich lange, bis sie sich mir nackt zeigte. Das hat mich voll überrascht.«

Auch wenn wir in einer sehr sexualisierten Gesellschaft leben und Nackte sowohl auf Litfaßsäulen und Plakatwänden als auch in Filmen, Zeitschriften und im Internet allgegenwärtig sind, haben die meisten Menschen noch ein natürliches Schamgefühl. Das zeigt, dass man ohne Tabus nicht gleich innerlich freier ist. Im Gegenteil: Je mehr einem von den Medien diktiert wird, wie man zu sein hat, wenn man cool und »in« sein will, desto größer werden oft die Schamgefühle. Denn die meisten Menschen werden diesen Ansprüchen nicht gerecht – weder Frauen noch Männer.

Die meisten wissen ja selbst genau, dass sie keinen Vorzeigekörper haben. Den haben wirklich nur ganz, ganz wenige Frauen und Männer. Nobody is perfect – und das ist ganz normal und überhaupt kein Grund zur Sorge oder für überflüssige Komplexe, die einen nur stressen.

Wenn das Mädchen, das du liebst, nun Hemmungen hat, sich dir nackt zu zeigen, dann liegt das ziemlich sicher daran, dass sie diesem Idealbild, das ihr täglich überall vorgegaukelt wird, nicht entspricht. Das setzt sie unter massiven Druck. Ein sehr großer Teil der Frauen ist von den Model-Bildern, die in der Öffentlichkeit kursieren, fremdbestimmt. Auch nicht alle Mädchen, die nach außen selbstbewusst und abgeklärt wirken, sind davon frei. Oftmals lassen sie sich nur nicht gleich in die Karten schauen. Deshalb merkst du es erst, wenn du mit ihr allein bist und es ganz intim wird.

Du kannst die Situation auflockern, indem du dich erst mal zu deinen Mankos bekennst – das kostet dich vielleicht ein bisschen Überwindung, ist aber auch für dich ein gutes Training. Ein Beispiel, was du ihr sagen könntest: »Ich habe ja auch nicht so einen tollen Body, bin viel zu groß (oder zu klein). Dann noch meine Hühnerbrust und keine Muskeln. Wenn du dich schämst, dann schäme ich mich auch. Ich finde dich total gut, für mich bist du die Schönste!« Du weißt selbst am besten, was dir an dir nicht passt. Fasse genau das in Worte. Mit Offenheit kannst du peinliche Situationen am besten retten und dir außerdem noch viel Sympathie verschaffen.

WIE KANN ICH EINEM MOLLIGEN MÄDCHEN BEWEISEN, DASS ICH SIE TROTZDEM LIEB HABE?

Ein dickes Mädchen weiß, dass es weit entfernt vom Schönheitsideal ist. Das allein ist für viele schon schlimm genug. Doch leider kommt es immer noch vor, dass jemand, der das Idealgewicht überschreitet, von anderen gehänselt, beleidigt, angestarrt, geschnitten oder gar diskriminiert wird. Dabei gibt es immer mehr übergewichtige Menschen im westlichen Europa. Dass zu viele Kilos die Gesundheit belasten, weiß jeder Dicke, ebenso wie jeder Raucher, jeder Trinker und jeder Extremsportler weiß, dass er gefährlich lebt.

Unter diesen oft schwierigen Voraussetzungen entwickeln viele dicke Mädchen und Frauen oft eine bewundernswerte Energie. Wenn sie schon nicht mit einem knackigen Po oder langen, schlanken Beinen punkten können, so suchen sie sich oft ein Hobby oder eine Aufgabe, bei der sie alle anderen ausstechen und absolut spitze sind. Dicke Mädchen sind häufig besonders zuverlässig, treu, rührig, humorvoll, kumpelig und lange nicht so trottelig, wie manche meinen. Im Gegenteil!

Jonas (17):
»Melli ist meine dritte Freundin und etwas dicklich, was mich überhaupt nicht stört. Zwischendurch will sie immer mal wieder abnehmen, aber wenn es etwas Feines zu essen gibt, will sie auch nicht darauf verzichten. Ich finde das total gut, denn meine letzte Freundin war geradezu beleidigt, wenn ich mir vor ihren Augen einen dicken Burger mit Pommes schmecken ließ. Dieses Gezicke hat mich tierisch genervt.
Mit Melli kann ich dagegen das Essen genießen. Doch leider zweifelt sie manchmal daran, dass ich sie wirklich lieb habe, und sagt: >Wenn eine Schlanke kommt, verlässt du mich sowieso.< Doch mir geht es nicht um die Figur, ich will sie, die Melli! Ich bin so froh, dass sie so sinnlich, so unkompliziert und so herzlich ist. Ich mag alles an ihr. Wie kann ich ihr beweisen, dass ich es wirklich ernst meine?«

Bekenne dich öffentlich zu deiner Freundin! Wenn ihr miteinander ausgeht, leg den Arm um sie. Das stärkt ihr Selbstbewusstsein. Wenn sie feststellt, dass du wirklich zu ihr stehst, wird sie nach und nach auch Vertrauen fassen. Doch du musst ihr Zeit geben. Dicke Mädchen haben oft schlechte Erfahrungen gemacht und sind entsprechend misstrauisch. Sage ihr immer wieder, dass du jedes Gramm an ihr magst und dass dir ihre inneren Werte wichtiger sind als eine Spitzenfigur.

Wenn du sie geknackt hast, kannst du dich wahrscheinlich total auf sie verlassen. Denn sie wird so schnell nicht vergessen, dass du derjenige warst, der sich offen zu ihr bekannt und ihre Qualitäten erkannt hat.

SIE SOLL NICHT WISSEN, DASS ICH NOCH NIE RICHTIGEN SEX HATTE. WIE KANN ICH DAS VERBERGEN?

Du willst nicht als der Ahnungslose dastehen und hast geflunkert, dass du schon Erfahrungen gesammelt hast. Warum eigentlich? Was ist so schlimm daran, dass du noch keinen Sex hattest? Manche Jungen erleben erst mit 18 oder später ihr erstes Mal. Jeder muss selbst entscheiden, wann er dafür bereit ist. Aber nun wird es ernst, und du fürchtest, dass es rauskommt, wenn du zum ersten Mal mit ihr schläfst.

Am liebsten würdest du dich ihr als erfahrener Held verkaufen, aber das traust du dich dann doch nicht. Das wäre vielleicht auch ein bisschen zu dick aufgetragen. Du bildest dir aber fest ein, ein Junge müsste schon einiges wissen, um ein Mädchen zu beeindrucken. Überleg mal: Wer hat dir das eingeredet? Wo hast du das gelesen? Lass dich davon nicht beirren.

Du kannst viel mehr Pluspunkte bei ihr sammeln, wenn du ehrlich bist und ihr sagst, dass du auch nicht viel Ahnung hast. Dann weiß sie gleich, dass du vor ihr noch kein oder zumindest nicht viele andere Mädchen hattest. Dieser Gedanke tut ihr gut. Genau so, wie es dir gefällt, wenn sie eine ist, die nicht gleich mit jedem Jungen ins Bett springt.

Spiel ihr also nicht den großen Liebhaber vor. Beim Sex etwas verbergen zu wollen, ist sehr schwierig und geht oft schief. Es ist viel besser und auch schöner, wenn ihr gemeinsam eure Körper entdeckt und so langsam zueinanderfindet. Das macht großen Spaß, fördert die sexuelle Lust, schafft Vertrauen und verbindet.

WARUM IST FÜR MÄDCHEN DAS VORSPIEL SO WICHTIG?

Florian (16):
»Also, ich habe ja nichts gegen ein Vorspiel. Aber meine Freundin kriegt davon überhaupt nicht genug. Wenn ich dann mal ein bisschen dränge, zickt sie gleich rum. Muss es denn sein, dass es jedes Mal ewig dauert, bis man endlich Sex hat? Was finden Mädchen so toll an dem Gefummel?«

Mädchen haben es gern romantisch. Bevor sie mit einem Jungen schlafen, wollen sie seine Liebe spüren. Das heißt: Sie wollen gestreichelt, geküsst und geknuddelt werden. Wenn sie nicht in der richtigen Stimmung sind, wirst du keine Chance haben. Die Liebe bedeutet vielen Mädchen ohnehin mehr als der bloße Sex. Der gehört natürlich dazu. Aber das, was wirklich zählt, ist die Liebe, die Liebe und noch mal die Liebe.

Wenn du von deiner Freundin also mehr willst, dann musst du erst einmal dafür sorgen, dass sie sich geborgen und wohlfühlt. Es ist nie falsch, wenn du ihr – sozusagen als Appetitanreger – ein kleines Geschenk mitbringst, über das sie sich freut. Versuche, eine kuschelige Atmosphäre zu schaffen, die ihr gefällt und die sie antörnt. Dabei sind Kerzenlicht und leise Musik unerlässlich. Das mag fast jede Frau. Genauso wie ein ausführliches Vorspiel.

Das Vorspiel weckt sowohl ihre als auch deine Sinne und steigert die sexuelle Erregung. Es kommt ganz auf das Mädchen an, wie lange sie braucht, um an den Punkt zu kommen, an dem sie zum Geschlechtsverkehr bereit ist. Manche genießen es so sehr, dass es ziemlich lange dauert. Doch Sex ist etwas, wofür ihr euch genug Zeit nehmen solltet. Versuche, es ebenso zu genießen wie sie. Du wirst sehen, wie gut es auch dir tut, die Spannung immer weiter zu erhöhen.

Für viele Mädchen und Frauen ist das Vorspiel auch deshalb von so großer Bedeutung, weil sie vom Geschlechtsverkehr allein oft nichts haben; denn ihr Lustzentrum, die Klitoris, liegt außerhalb der Scheide und wird beim Vorspiel meist mit einbezogen. Da ist es doch leicht nachvollziehbar, warum das Vorspiel für eine große Anzahl der Frauen der wichtigste Teil beim Sex ist (s. auch Info-Kasten: »Interessantes und Wissenswertes über die Scheide der Frau«, S. 100).

Aber es gibt auch Jungen, die finden, dass der Geschlechtsverkehr überbewertet wird, und die es vorziehen, dass ihre Freundin sie mehr küsst und streichelt. Ein Vorspiel, das in ein ausgiebiges Petting mündet, kann oft besser sein als unbefriedigender Geschlechtsverkehr.

WAS KANN ICH TUN, DAMIT SIE UNTEN FEUCHT WIRD?

Die Scheide eines Mädchens oder einer Frau wird nur feucht, wenn sie körperlich erregt ist. Das ist die Voraussetzung dafür, dass du deinen Penis einführen kannst, denn nur dann kann er gleiten und verursacht ihr keine Schmerzen. Achte also darauf, dass sie wirklich so weit ist, ehe du zur Sache kommst. Streichle sie lieber noch einmal mit den Fingern in der Scheide, um dich zu vergewissern.

Ein ausführliches, zärtliches Vorspiel ist die beste Garantie dafür, dass die Scheide des Mädchens die nötige Gleitfähigkeit bekommt. Bleibt sie trotz Erregung trocken, kann ein bisschen Spucke oder Gleitgel helfen. Frag sie, ob sie ihren Scheideneingang selbst damit einschmieren möchte oder ob du es für sie tun sollst. Betrachtet es als Teil eures Vorspiels.

Wenn ihr vorhabt, miteinander zu schlafen, und im Vorfeld schon merkt, dass es mit der Feuchtigkeit schwierig werden könnte, dann überlegt, ob ihr nicht bei eurem nächsten Stadtbummel gemeinsam eine Tube Gleitgel (erhältlich in jeder Drogerie oder Apotheke, kostet zwischen drei und acht Euro) besorgen wollt (s. auch Abschnitt: »Welche Sextechnik ist beim ersten Mal am besten?«, S. 85).

Sprich auf jeden Fall noch mal mit deiner Freundin, ob sie wirklich bereit ist. Denn die Trockenheit kann auch daher kommen, dass sie vielleicht doch noch nicht will, aber keine Spielverderberin sein möchte. Viele Mädchen machen nur mit, um ihrem Freund einen Gefallen zu tun. Das solltest du ausschließen, auch wenn du selbst noch so Lust darauf hast. Es macht auch dir wenig Spaß, wenn sie sich nur »opfert«, damit du zu deinem Vergnügen kommst. Dann verschiebt es lieber!

Gleitmittel und Kondom zusammen? Vorsicht!

Wer mit Kondomen verhüten will, sollte unbedingt darauf achten, ein Gleitmittel auf Wasserbasis zu benutzen. Es sollte nicht nur »wasserlöslich« sein, sondern wirklich auf Wasserbasis hergestellt sein. Gleitmittel auf Fett- oder Ölbasis sind gefährlich, wenn gleichzeitig ein Kondom verwendet wird. Fett und Öl können den Gummi nämlich sehr schnell auflösen. Außerdem bieten sie auch Keimen einen guten Nährboden, weil sie viel schwerer abzuwaschen sind.

WIE KANN ICH VERHINDERN, DASS ICH IHR WEHTUE?

Wenn deine Freundin innerlich angespannt ist, sind Schwierigkeiten beim Sex vorprogrammiert. Vielleicht hat sie unbewusst Angst davor, dass es ihr wehtut. Es kann aber auch sein, dass sie die Angst vor einer Schwangerschaft quält. Oder sie hat mal schlechte Erfahrungen mit einem anderen Jungen gemacht, der sehr unsensibel mit ihr umging. Noch eine Möglichkeit: Sie hat sexuelle Gewalt erlebt.

Läuft es also nicht so, wie du es dir vorstellst, dann versuche auf keinen Fall, dich durchzusetzen und den Sex zu erzwingen. Das würde sie nur noch mehr belasten und bringt auch dir nichts. Nimm also Rücksicht auf sie. Allein dadurch wird sie lockerer und es kommt vielleicht doch noch zum Sex. Sprich auch mit ihr über ihre Gefühle. Vielleicht weiß sie selbst gar nicht richtig, was mit ihr los ist, warum sie Angst hat. Auch durch das Reden entspannt sie sich. Bei Frauen läuft Sexualität sehr stark im Kopf ab, sie empfinden sie als Teil ihrer Persönlichkeit. Dazu kommt, dass sie den Geschlechtsverkehr viel stärker mit einer Partnerschaft verbinden als ein Mann, für den Sexualität meist ein körperliches Bedürfnis ist, wie Hunger oder Durst. Du siehst: Wenn es ums Intimleben geht, sind Mädchen doch ganz anders als Jungen.

Justin (15):
»Wir sind jetzt seit drei Monaten zusammen und hatten schon einige Male sehr schönes Petting. Demnächst möchten wir nun richtig miteinander schlafen. Sie hat etwas Angst, dass ihre Scheide zu klein ist und es ihr wehtut. Das will ich natürlich nicht, ich liebe sie ja. Es soll für uns beide ein unvergessliches Erlebnis werden. Was kann ich dazu beitragen?«

Ein Junge, der so besorgt ist wie du, verhält sich perfekt und trägt allein dadurch schon eine Menge zu einem schönen sexuellen Erlebnis bei. Die Scheide eines Mädchens ist äußerst dehnbar und kann sich jeder Penisgröße anpassen. Voraussetzung ist allerdings, dass deine Freundin entspannt ist und ihre Scheidenmuskulatur beherrscht. Verkrampft sie sich, macht sie dicht und versperrt dem Penis den Zugang. Da hilft dann nur Geduld oder als Ersatz Petting (s. auch Abschnitt: »Kann ich ihr die Hand führen und ihr zeigen, wo es mir beim Sex guttut?«, S. 84).

Interessantes und Wissenswertes über die Scheide der Frau:

- Jedes Mädchen und jede Frau sieht »da unten« anders aus. Schamlippen und Klitoris sind verschieden groß, auch die Schamhaare und der Venushügel sind ganz unterschiedlich. Sogar das Innere der Scheide ist bei jeder Frau anders gebaut.
- Neben dem Geschlechtsverkehr dient die Scheide auch als Geburtskanal für ein Baby und zum Abfluss der Menstruationsflüssigkeit.
- Die äußerlich sichtbaren Genitalien einer Frau nennt man »Vulva«. Dazu gehören die großen und kleinen Schamlippen, die Schamhaare, die Klitoris (Kitzler) sowie der Scheideneingang.
- In der Medizin spricht man von der Scheide oder Vagina und meint damit sowohl den äußeren als auch den inneren, im Körper verborgenen Teil der Scheide mit dem Jungfernhäutchen und dem etwa acht bis zehn Zentimeter langen, sehr dehnbaren Scheidenschlauch, der beim Sex den Penis aufnimmt.
- In den dicht aneinanderliegenden Scheidenwänden, die eine leicht gewellte Oberfläche haben, befindet sich eine große Menge Schleim produzierender Zellen, die bei sexueller Erregung verstärkt eine wässrige Substanz absondern, um das Gleiten des Penis in der Vagina zu ermöglichen.
- Die ersten Zentimeter am Eingang zur Scheide nennt man die »orgastische Manschette«. Hier wird die Scheide von einem dehnbaren Muskelring umschlossen. Weil dort viele Nerven enden, ist jede Frau hier sexuell erregbar.
- Die ersten Zentimeter am Eingang zur Scheide nennt man die »orgastische Manschette«. Hier wird die Scheide von einem dehnbaren Muskelring umschlossen. Weil dort viele Nerven enden, ist jede Frau hier sexuell erregbar.

Die Muskulatur der orgastischen Manschette wird beim Sex auch durch Gefühle gesteuert. Hat eine Frau Angst oder Schmerzen, zieht sich dieser Muskel zusammen und macht den Eingang zur Scheide dicht. Eindringen mit dem Penis oder dem Finger ist dann schmerzhaft oder gar nicht mehr möglich.

Die Schamlippen bedecken und schützen die Klitoris (Kitzler), die Harnröhrenöffnung und den Scheideneingang und sind meist ungleich groß.

Die großen, äußeren Schamlippen ziehen sich vom After bis zum Venushügel. Die kleinen, inneren Schamlippen sind Hautfalten, die zwischen den großen Schamlippen liegen und zu den leicht reizbaren, erogenen Zonen einer Frau gehören. Bei sexueller Erregung schwellen sie an und verändern ihre Farbe.

Das empfindsamste Lustorgan der Frau ist die Klitoris (Kitzler). Dort laufen etwa 10000 Nervenenden zusammen, mehr als doppelt so viele wie im Penis. Sie machen den Kitzler höchst empfänglich für sexuelle Reize.

Der Kitzler sitzt dort, wo sich die inneren, kleinen Schamlippen treffen. Er ist versteckt unter einer Hautkappe außerhalb der Scheide. Seine höchst empfindlichen Nerven ziehen sich durch die Schamlippen, entlang der inneren Schenkel bis hin zum After. Daher ist dieser Bereich so außerordentlich lustempfindlich. Kein Wunder, dass sehr viele Frauen dort zu einem Orgasmus kommen. Es gibt aber auch welche, die die direkte Stimulation der Klitoris nicht mögen. Die Geschmäcker sind eben verschieden.

Die Schamhaare haben heute keine biologische Funktion mehr. Viele Mädchen und Frauen rasieren sie sich, weil es ihnen besser gefällt oder gerade Trend ist. Früher hatten Schamhaare die Aufgabe, Duftstoffe zu speichern. Damit sendeten Frauen ihre sexuellen Reize aus und signalisierten Paarungsbereitschaft.

In der Umgangssprache gibt es sehr viele Bezeichungen für die Scheide. Die geläufigsten sind Muschi, Möse, Pussy oder Fotze. Viele Frauen mögen diese Ausdrücke überhaupt nicht und empfinden sie als vulgär und herabwürdigend.

KANN ICH MIT IHR SCHLAFEN, WENN SIE IHRE TAGE HAT?

Um es gleich vorwegzunehmen: Ja, du kannst mit ihr schlafen, wenn sie ihre Tage hat. Vorausgesetzt, sie hat nichts dagegen. Es gibt keinen medizinischen Grund, der dagegen spricht. Die Menstruation ist ein ganz natürlicher Vorgang im Körper des Mädchens, um den sich aber immer noch viel Unwissenheit und einige nicht auszurottende Vorurteile und Märchen ranken.

Max (15):
»Ich habe gehört, dass es nicht gut sein soll für eine Frau, wenn sie während ihrer Periode Sex hat. Wenn in die offene Wunde Bakterien kommen, kann es gefährlich werden für sie. Stimmt das wirklich?«

Die Periode ist keine »offene Wunde«, sondern ein Ausfluss, bei dem im monatlichen Zyklus Gebärmutterschleimhaut und Blut ausgeschieden werden. Hygiene ist grundsätzlich sehr wichtig, und besonders dann, wenn sie ihre Tage hat. Nur wer sehr nachlässig damit umgeht, läuft Gefahr, sich eine Infektion zu holen. Aber das könnte auch passieren, wenn sie nicht ihre Tage hat. Sex fördert sogar die Entspannung der Gebärmutter und kann so krampfartige Periodenschmerzen lindern.

Am besten ist es, du sprichst mit deiner Freundin darüber, ob sie während ihrer Tage überhaupt Lust auf Sex hat. Manche Mädchen fühlen sich sehr unwohl und verschwenden überhaupt keinen Gedanken daran. Andere sind total schlecht gelaunt. Sei also vorsichtig, und tritt ihr nicht zu nahe!

Für Paare, die sehr vertraut miteinander sind, mag Sex während der Menstruation kein Problem sein. Aber wenn du sie erst kurz kennst, könntest du sie damit überfordern. Sprich mit ihr mal ganz allgemein darüber. Dann hörst du ja, was sie für eine Meinung dazu hat. Es gibt viele Mädchen, die sich das überhaupt nicht vorstellen können und es sogar eklig finden. Versuche dann auch nicht, sie zu überreden. Sie muss es von sich aus wollen.

Viele glauben, beim Sex während der Periode müsse man nicht verhüten, da sei es sicher. Doch das ist ein Irrtum! Wenn der Zyklus des Mädchens noch nicht richtig eingespielt ist, kann der Eisprung so früh nach der Menstruation stattfinden, dass es zu einer Befruchtung kommen kann. Besonders dann, wenn die Blutung bereits am Abklingen ist, kann es gefährlich sein. Denn der männliche Samen ist bis zu sieben Tage lang (!) befruchtungsfähig, wenn er erst einmal in der Gebärmutter angekommen ist.
Nimmt ein Mädchen die Pille, besteht dieses Risiko nicht. Damit seid ihr auch während der pillenfreien Phase, wenn die Periode einsetzt, geschützt.

KANN ICH MIT EINEM MÄDCHEN AUCH SCHLAFEN, WENN ICH NICHT IN SIE VERLIEBT BIN? MACHT SIE DAS MIT?

In der Regel gehören für eine Frau Liebe und Sex zusammen. Für die meisten ist das eine ohne das andere nicht denkbar. Dennoch gibt es Situationen, wo sowohl Mädchen als auch Jungen so guter Laune sind, dass sie es gern mal auf ein Sex-Abenteuer ankommen lassen. Wenn beide damit einverstanden sind, ist dagegen nichts einzuwenden. Das nennt man dann One-Night-Stand (s. Info-Kasten, S. 106). Mit Liebe hat das nichts zu tun.

Doch viele Mädchen stellen sich insgeheim vor, dass danach mehr daraus werden könnte. Wenn du dir sicher bist, dass du das nicht willst, solltest du ihr das von vornherein klar sagen und sie bitten, sich keine Hoffnungen zu machen. Das tötet in diesem Moment vielleicht die erotische Spannung, aber es ist fair ihr gegenüber und erspart dir einige Probleme danach. Denn ein enttäuschtes Mädchen kann dir das Leben ganz schön schwer machen.

Jungen und Männer lassen sich oft sehr spontan von den optischen Reizen und der Ausstrahlung einer Frau sowie ihrem eigenen sexuellen Trieb verleiten, mehr interessiert sie nicht. Auch das Geprahle von Kumpels sowie Werbung und bestimmte Medien vermitteln dir den Eindruck, dass nur Sex zählt. Wer die meisten Frauen »vernascht« hat, ist der King.

Doch das ist ein Trugschluss, denn dabei wird oft vergessen, dass die Voraussetzung für erfüllenden Sex in der Regel intensive Gefühle füreinander sind. Einer, der jede mal hatte, ist kein extracooler Typ und wird so auch nicht zum Mann, sondern zeigt nur, dass er eigentlich sehr schwach ist. Sonst hätte er nicht so viele Beweise für seine »Männlichkeit« nötig.

Dazu kommt, dass sich eine Frau oft in ihrer Würde gekränkt fühlt, wenn du sie nur mal kurz für deine sexuelle Befriedigung benutzt und danach gleich zur Nächsten gehst. Sie kommt sich dann vor wie ein Stück Dreck, das du in den Müll wirfst – und das tut ihr sehr, sehr weh. Auf so ein Verhalten sollte kein Junge stolz sein, sondern sich schämen, weil es verantwortungslos und gemein ist.

Du musst auch immer davon ausgehen, dass sie insgeheim, ganz tief in ihrem Innersten, vielleicht doch mehr erwartet. Auch dann, wenn sie sich unkompliziert gibt und mitmacht. Es kann durchaus sein, dass sie dich damit nur beeindrucken will, aber völlig anders empfindet. Still und leise hofft sie, dass du das merkst. Ja, sie erwartet es geradezu! Doch das verstehst du nicht, und du fragst dich: Warum sagt sie nicht einfach, was sie will oder nicht will? Ich kann es doch nicht riechen! Ja, Frauen sind oft schwierig. Nicht alle, aber sehr viele. Für so manche Männer bleiben sie ein ewiges Geheimnis. Aber das ist es auch, was die Geschlechter immer wieder von Neuem anzieht – ein Leben lang. Sie lieben sich und sie hassen sich. Und sie versuchen es immer wieder miteinander.

Eine gute Alternative, wenn du Lust auf Sex, aber keine Freundin hast: Befriedige dich selbst! Davon hast du etwas und tust keinem Mädchen weh (s. auch Abschnitt: »Ist es einem Mädchen gegenüber okay, wenn ich mich selbst befriedige?«, S. 110).

One-Night-Stand: Sex für eine Nacht

- Der Begriff »One-Night-Stand« kommt aus dem Theaterbereich und bedeutet »eine einmalige Aufführung, die nur an einem Abend zu sehen ist«. Bei einem One-Night-Stand befriedigt jeder in erster Linie seine sexuelle Lust und seinen Sextrieb (s. auch Abschnitt: »Kann ich mit einem Mädchen auch schlafen, wenn ich nicht in sie verliebt bin? Macht sie das mit?«, S. 103). Bedenke, dass dabei keiner eine Verpflichtung eingeht.
- Deshalb gilt: Kein One-Night-Stand ohne Kondom! Nur so kannst du eine ungewollte Schwangerschaft vermeiden und dich vor sexuell übertragbaren Krankheiten wie z. B. Aids schützen.
- Hier geht es nicht darum, den anderen näher kennenzulernen oder eine Beziehung aufzubauen. Es ist reiner Sex.
- Bei einem One-Night-Stand kann man sich die Bestätigung holen, sexuell attraktiv zu sein. Es kann auch Spaß machen, den Körper der Partnerin zu erkunden. Da man dabei nichts zu verlieren hat, kann man sich und seine Lust unverkrampft ausprobieren.
- Ein One-Night-Stand kann auch enttäuschen, wenn die Chemie zwischen euch nicht stimmt. Dann kann es sein, dass ein komisches Gefühl zurückbleibt.
- Wenn du willst, dass es bei dem einen Mal bleibt, dann gib ihr keinesfalls deine Telefonnummer oder Adresse. Sag ihr ehrlich, dass die Sache für dich hiermit abgeschlossen ist.
- Hast du aber Feuer gefangen und willst sie wieder treffen, dann tauscht eure Nummern aus, aber bedränge sie nicht. Lass ihr (und dir) Zeit, sich über ihre Gefühle klar zu werden. Schließlich hattet ihr nur Sex und wisst sonst nicht viel voneinander.
- Wenn du eine feste Freundin hast, solltest du dir gut überlegen, ob du durch einen One-Night-Stand alles gefährden willst. Du bist für das verantwortlich, was du tust, und möchtest auch nicht betrogen

werden. Ausreden wie »Ich war eben betrunken!« entbinden dich nicht von deiner Verantwortung und sind keine Entschuldigung.

Ist es dennoch passiert, solltest du genau überlegen ob und wie du es ihm beichten willst. Natürlich verletzt du sie mit dem Geständnis und gefährdest vielleicht eure Beziehung, aber andernfalls musst du mit deinem schlechten Gewissen leben und wenn sie es später durch Zufall erfährt gibt es erst recht Stunk.

WORAN KANN ICH ERKENNEN, DASS SIE MIR ETWAS VORSPIELT?

Finn (17):
»Meine letzte Freundin hat mir erzählt, sie hätte nie einen Orgasmus mit mir gehabt. Dabei hat sie immer gesagt, es wäre so supertoll gewesen. Ich habe ihr natürlich geglaubt. Aber als wir uns dann getrennt haben, hat sie mir das so nebenbei auch noch gesteckt. Wenn sie also keinen Orgasmus hatte, warum habe ich das nicht gemerkt? Wie kann ich als Junge erkennen, ob mir eine was vorspielt? Ich will ja, dass sie auch was davon hat.«

Deine Ex hat sich selbst um ihr Vergnügen gebracht, indem sie dir etwas vorgeschwindelt hat. Ein Junge kann nicht erkennen, ob der Orgasmus des Mädchens echt ist. Er verlässt sich auf ihre Reaktion. Es ist nicht fair von ihr, dir das zum Ende eurer Liebe vorzuhalten. Sie hätte viel früher offen sagen müssen, dass sie sich unbefriedigt fühlt, dann hättest du entsprechend darauf eingehen können.

Jungen und Männer fühlen sich schnell als Versager, wenn sie ihrer Partnerin keinen sexuellen Höhepunkt verschaffen können. Sie sind verunsichert und in ihrer Männlichkeit verletzt. Deshalb frage sie, wo es ihr besonders guttut, und bitte sie, deine Hand zu führen. Viele Mädchen tun das von sich aus, aber wenn das nicht der Fall ist, dann kümmere du dich einfach darum. Das ist auch eine gute Gelegenheit, sich gegenseitig zu entdecken. Je besser du über den Körper einer Frau Bescheid weißt, desto mehr hat sie und auch du vom Sex.

Sprich offen mit ihr darüber, und sage ihr, dass dir viel daran liegt, dass sie auch etwas davon hat. Bekräftige auch, dass du nicht möchtest, dass sie sich dir hingibt, um dir einen Gefallen zu tun. Davon hat letztlich keiner etwas – und oftmals gibt es deswegen dann noch böses Blut.

Mädchen, die sich selbst befriedigen, haben meist ein offeneres Verhältnis zu ihrem Körper und kennen die Stellen genau, wo es am schönsten kribbelt, z. B. an der Klitoris (s. auch Abschnitt: »Ist es einem Mädchen gegenüber okay, wenn ich mich selbst befriedige?«, S. 110).

WIE KANN ICH MIR IHREN ORGASMUS VORSTELLEN?

Sexuelle Lust beginnt immer im Kopf. Häufig genügt schon ein Gedanke, ein Blickkontakt oder eine Berührung, um die entsprechende Spannung aufzubauen – das geschieht bei Mädchen und Jungen etwa gleich schnell. Wenn ein Junge oder Mann zum Höhepunkt kommt, ist das klar zu erkennen. Er hat einen Samenerguss und meist gleichzeitig einen Orgasmus. Fließt oder spritzt Sperma aus seinem Penis, hatte er auch einen sexuellen Höhepunkt. Im Gegensatz zu einem Mädchen kannst du nichts vortäuschen. Das Orgasmusgefühl eines Mannes hält meist nur wenige Sekunden an, dann wird der Penis schlaff, und Entspannung setzt ein.

Bei Mädchen und Frauen ist das erste Anzeichen für eine sexuelle Erregung, dass ihre Scheide feucht wird. Je stärker die Erregung wird, desto mehr vergrößert sich die Scheide. Auch die Klitoris schwillt an, weil sich ihre Schwellkörper mit Blut füllen. Die Brustwarzen werden steif, es kommt zu rhythmischen Zuckungen in verschiedenen Teilen des Körpers. Die Atmung wird heftiger. Den Höhepunkt erlebt sie, wenn die Muskel- und Nervenanspannung plötzlich nachlässt – dies ist für eine Frau ein höchst intensiver körperlicher Genuss.

Der weibliche Orgasmus läuft jedes Mal anders ab. Nie ist er so, wie er schon mal war. Er beschert einer Frau immer wieder neuartige, irre Gefühle und kommt oft in Wellen: mal sanft, mal wild, mal ganz gleichmäßig, dann wieder unregelmäßig. Wie die Wellen am Meeresufer. Manchmal gleicht ihr Orgasmus auch einem regelrechten Vulkanausbruch. Die Lava ergießt sich bis in den letzten Winkel ihres Körpers, lässt sie beben und jauchzen und für einen Moment den grauen Alltag vergessen.

Mädchen, die gerade erste Erfahrungen mit der Sexualität machen, erleben den Orgasmus oft nicht so intensiv, weil sie keine oder sehr wenige Vergleichsmöglichkeiten haben. Dazu kommt, dass viele zu hohe Erwartungen haben und ihren sexuellen Höhepunkt deshalb gar nicht wahrnehmen, obwohl er längst stattgefunden hat. Es gibt kein festes Schema für den Gipfel der Lust. Jeder Mensch – Mädchen wie Junge – erlebt ihn auf seine ganz eigene Weise.

Im Vergleich zu Männern kann das Orgasmusgefühl bei Frauen länger anhalten – bis zu einer Minute. Sie kann auch mehrere Höhepunkte hintereinander haben. Das nennt man dann einen »multiplen Orgasmus«. Männer dagegen brauchen erst einmal eine kurze Pause, um dann wieder zu höchster Erregung zu gelangen.

Es gibt nichts Schlimmeres für eine Frau als Männer, die nur auf ihre eigene Befriedigung bedacht sind. Schließlich kann jede Frau mit Fug und Recht von ihrem Partner erwarten, dass ihr Orgasmus für ihn mindestens ebenso wichtig ist wie sein eigener. Aber für einen modernen Jungen wie dich dürfte das ohnehin eine Selbstverständlichkeit sein.

IST ES EINEM MÄDCHEN GEGENÜBER OKAY, WENN ICH MICH SELBST BEFRIEDIGE?

Niklas (15):
»Morgens, wenn ich aufstehe, habe ich oft Lust darauf, mich selbst zu befriedigen. Ich habe mir bisher auch nichts dabei gedacht. Bis mir eine sehr gute Freundin neulich gesagt hat, dass sie es nicht dulden würde, wenn ihr Freund das täte. Das wäre ja wie fremdgehen, dadurch würde sie sich als Mädchen zurückgesetzt fühlen. Ich war ganz still und habe nichts dazu gesagt. Wenn das so kompliziert ist, will ich lieber keine Freundin.«

Selbstbefriedigung, auch Onanieren oder Masturbieren genannt, ist eine ganz eigene Form der Sexualität und kein Ersatz für Sex mit einem Partner. Es ist völlig normal, wenn du dir selbst einen Orgasmus verschaffst – auch dann, wenn du eine Freundin hast.

Mit Fremdgehen hat das überhaupt nichts zu tun. Diese Lust zu onanieren begleitet dich ein Leben lang und ist ein ganz natürliches menschliches Bedürfnis. Du musst kein schlechtes Gewissen deswegen haben. Das tun fast alle Jungen und Männer – und im Übrigen auch die meisten Mädchen und Frauen.

Gerade für Jungen und Mädchen, die keinen Partner haben, ist die Selbstbefriedigung ideal, um den eigenen Körper zu entdecken. Wer mehr über sich weiß, hat auch beim Sex mit dem anderen Geschlecht mehr Spaß.

Wenn dich deine Freundin bei der Selbstbefriedigung erwischt, dann erkläre ihr auf jeden Fall, dass das nichts mit ihr zu tun hat. Denn Mädchen beziehen das schnell auf sich und denken, ein Junge würde das nur deshalb tun, weil ihm der Sex mit ihr nicht gut und befriedigend genug ist. Spiele also mit offenen Karten und vertusche es nicht, wenn sie es ohnehin mitgekriegt hat – das öffnet ihren Spekulationen und Vermutungen nur Tür und Tor. Und am Ende habt ihr ein großes Problem, das eigentlich gar keines ist.

Es ist ohnehin am besten, wenn man sich seiner Lust in ungestörter Umgebung hingibt, wo man nicht immer Angst haben muss, dass jemand dazwischenkommt. Dann ist es auch nicht nötig, dass du deiner Freundin davon erzählst. Die Masturbation ist ein Teil deines ganz persönlichen Intimlebens – und das gehört nur dir.

Ein Tipp: Baue die Selbstbefriedigung in das Liebesspiel mit deiner Freundin ein. Seht euch gegenseitig zu, das kann sehr lustvoll sein. Auf diese Weise lernt ihr euch und eure Vorlieben besser kennen – und das Ganze bekommt eine gewisse Normalität. Eifersüchtelei und Fremdgeh-Vorwürfe erledigen sich dann von selbst.

So befriedigen sich Mädchen selbst

Die meisten Mädchen stellen sich bei der Selbstbefriedigung vor, dass sie Sex mit ihrem Freund oder einem anderen Mann haben, der sie besonders antörnt.

Manche streicheln erst ihren Busen, bis die Brustwarzen steif werden. Dann gleitet ihre Hand zur Klitoris, der erregbarsten Stelle. So entdecken sie langsam, wo es am kribbeligsten ist.

Andere schließen die Augen und träumen davon, mit ihrem Lieblingsstar zu schlafen. Sie streicheln mit ihren Fingern die Schamlippen, bis alles feucht wird - und genießen es.

Auch unter der Dusche haben viele Mädchen großen Spaß, indem sie den Duschkopf direkt Richtung Klitoris richten und das Wasser daraufprasseln lassen.

MUSS SIE SICH UM DIE VERHÜTUNG KÜMMERN ODER ICH? KANN ICH SIE DIREKT FRAGEN, OB SIE DIE PILLE NIMMT?

Um die Verhütung sollten sich grundsätzlich beide Partner kümmern. Sie ist nicht allein Sache des Mädchens. Auch du trägst eine Verantwortung nicht nur für deine Freundin, sondern auch für dich selbst. Denn eine ungewollte Schwangerschaft betrifft auch dich.

Dazu kommt das Risiko, dass du dir eine Geschlechtskrankheit wie z. B. Tripper oder Syphilis einfangen könntest. Gesundheitsbehörden verzeichnen in den letzten Jahren einen drastischen Anstieg von Geschlechtskrankheiten. Nicht zu vergessen die bisher immer noch unheilbare Immunschwächekrankheit Aids, die in der Öffentlichkeit zuletzt ein bisschen in Vergessenheit geraten ist, aber nach wie vor eine große Gefahr darstellt (s. auch Abschnitt: »Soll ich erst einen Aidstest verlangen, bevor ich mit ihr schlafe?«, S. 79).

Natürlich kannst du sie fragen, ob sie die Pille nimmt. Aber du solltest dich nicht darauf verlassen, dass sie dir die Wahrheit sagt. Vor allem dann, wenn ihr euch gerade erst kennengelernt habt, ist ein bisschen Vorsicht und ein gesundes Misstrauen angesagt.

Wenn du dich in puncto Verhütung nur auf sie verlässt, machst du dich komplett von ihr abhängig. Gut möglich, dass sie wirklich die Pille nimmt aber es könnte ja auch sein, dass sie sie mal vergessen hat, und dann ist der Verhütungsschutz nicht mehr gewährleistet. Wird sie schwanger, bist du mitverantwortlich. Bekommt sie das Kind, musst du Unterhalt bezahlen. Aber wovon, wenn du noch zur Schule gehst oder als Lehrling kaum etwas verdienst? Du siehst, es ist besser, sich vorab um die richtige Verhütung zu kümmern, um sich unnötigen Stress zu ersparen.

Am besten ist es, du hast für alle Fälle immer ein Kondom dabei und übst zu Hause schon mal für dich, es überzustreifen. Dann bist du geschützt – und sie auch (s. auch nächster Abschnitt: »Was tun, wenn sie ein Kondom unerotisch findet?«, S. 114).

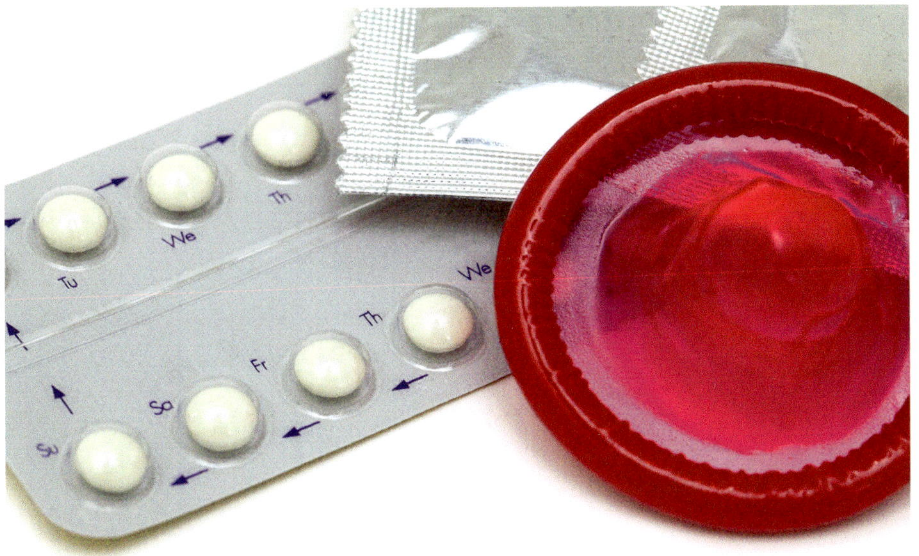

WAS TUN, WENN SIE EIN KONDOM UNEROTISCH FINDET?

Björn (16):
»Da meine Freundin die Pille nicht nimmt, habe ich ihr angeboten, beim Sex ein Kondom überzuziehen. Doch das findet sie unerotisch. Allein dieses Rumgefummel, bis man es dranhat, tötet die Lust, sagt sie. Sie will lieber keinen Sex als einen mit Gummi. Das finde ich aber doof. Wie könnten wir uns einigen?«

Die Meinung, dass Kondome unerotisch, unsinnlich und unromantisch sind, ist weitverbreitet. In der Tat kann ein Kondom die Gefühle schon stoppen, bevor ein Paar richtig in Fahrt ist. Denn die wenigsten Jungen sind besonders geübt in der Handhabung. Viele schaffen es nicht, sich in der Eile ein Kondom richtig überzustülpen. Ungeduldig erwischt er die falsche Seite, dann lässt es sich nicht abrollen, muss umgedreht werden – und alles geht noch mal von vorne los. Und wie sie riechen, diese Gummis! All das nervt.

Dagegen hilft nur Übung. Wenn du dich mal wieder selbst befriedigst, dann probiere das Überziehen. Immer wieder, bis du das Gefühl hast, dass es dir gut von der Hand geht. Du kannst aber auch gemeinsam mit deiner Freundin üben, was durchaus Spaß macht.

Trotz aller Vorbehalte ist das Kondom das einzig sichere Verhütungsmittel. Es schützt nicht nur vor einer ungewollten Schwangerschaft, sondern auch vor sexuell übertragbaren Krankheiten und Aids. Die Pille bietet dagegen keinen Schutz vor Infektionen.

Sex mit Kondom ist wie Duschen mit Regenmantel, meinen viele Jungen: Man wird zwar auch sauber, aber es fühlt sich nicht an wie sonst. Und manche Mädchen finden es deswegen unerotisch, weil sie glauben, sie und ihr Partner würden mit Gummi nichts spüren. Dabei gibt es auch eine Menge Paare, die finden, dass es mit Kondom besser gleitet und es allein eine Frage der Einstellung ist, wie man damit klarkommt. Wer sich innerlich gegen ein Kondom sperrt, wird damit wahrscheinlich nicht glücklich. Wer aber bereit ist, es zu akzeptieren, wird bald feststellen, dass es so schlimm und unerotisch gar nicht ist.

Es ist also auch eine Kopfsache, wie ihr damit umgeht.

Tatsache ist, dass Aids, Tripper, Syphilis und andere Geschlechtskrankheiten wesentlich größere Erotikkiller sind als ein Kondom, das dazu da ist, so etwas zu verhindern.

WIE KRIEGE ICH DAS MIT DEM »RÜCKZIEHER« HIN?

Wenn der Mann kurz vor dem Orgasmus seinen Penis aus der Scheide zieht und sein Sperma außerhalb abspritzt, heißt das »Rückzieher«, »Coitus Interruptus« oder auch »Aufpassen«. Egal, wie man es nennt: Es ist keine Verhütungsmethode, sondern eine höchst unsichere Sache.

Denn bereits während der Erektion – lange vor dem Samenerguss – kommen die »Glückstropfen« aus dem Penis, die bereits Millionen Samenzellen enthalten und locker für eine Schwangerschaft ausreichen. Dazu kommt, dass viele Jungen und Männer es in einem Moment schönster Erregung versäumen, den Penis rechtzeitig aus der Scheide zu ziehen. Wer immerzu nur aufpassen muss, kann außerdem nicht richtig entspannen und den Sex genießen.

Es ist also gar nicht nötig, dass du dich bemühst, einen »Rückzieher« hinzukriegen. Denn das macht weder Spaß, noch ist es in irgendeiner Form sicher. Greift lieber auf sichere Verhütungsmittel wie Kondom oder Pille zurück (s. auch Abschnitt: »Was tun, wenn sie ein Kondom unerotisch findet?«, S. 114).

WIE SOLL ICH ES IHR ERKLÄREN, WENN MEIN GLIED NICHT TUT, WAS ICH WILL?

Es ist in deinem Alter nichts Außergewöhnliches, wenn dein Penis mal nicht so will wie du. Gleich vorab: Das hat nichts mit Impotenz zu tun!

Meist haben Erektionsstörungen seelische Gründe. Stress in Schule oder Beruf, zu hohe Erwartungen an sich selbst, falsche Vorstellungen und Aufregung können schuld daran sein.

Überlege gemeinsam mit deiner Freundin, wo das Problem liegen könnte. Kann es sein, dass du Angst hast, ihr nicht zu genügen, sie nicht gut genug befriedigen zu können? Zweifelst du an deinen Fähigkeiten als Liebhaber? Setzt du dich selbst unter Druck und glaubst, du bringst es nicht im Bett? Kann es sein, dass du dich durch ihre Erwartungen überfordert fühlst?

Sprich mit deiner Freundin offen über das, was dich bewegt. Sag ihr, dass es dich belastet. Denn bei Sorgen dieser Art zieht sich der Penis zurück und spielt nicht mit.

Seid ehrlich zueinander! Nur dann lassen sich diese Probleme – oft sind es auch nur Missverständnisse – klären. Wird nicht darüber gesprochen, wird aus einer Reihe von Missverständnissen schnell eine kleine Katastrophe. Das ist übrigens nicht nur beim Sex so, sondern auch in vielen anderen Belangen des Lebens.

Nun kommt es aber auch vor, dass Erektionsstörungen nicht allein auf Beziehungsproblemen oder momentanem Stress beruhen, sondern dass es tiefer liegende psychische Ursachen gibt. Dann brauchst du professionelle Hilfe, die du z.B. bei Beratungsstellen von Pro Familia bekommst. Die gibt es in jeder größeren Stadt. Im Internet findest du die Adressen über www.profamilia.de.

Ob eine Erektionsstörung psychisch bedingt ist, kannst du auch selbst testen. Wenn es mit deiner Freundin nicht klappt, du aber bei der Selbstbefriedigung kein Problem hast, kannst du ziemlich sicher davon ausgehen, dass psychische Gründe vorliegen. Geht es aber weder mit ihr noch alleine, dann solltest du schnell einen Männerarzt (Androloge) oder einen Urologen aufsuchen. Diabetes (Zuckerkrankheit), Hormonstörungen, bestimmte Medikamente, Durchblutungsstörungen, Penis- oder Nierenerkrankungen können körperliche Gründe für Erektionsstörungen sein – doch die sind bei jungen Männern eher selten.

Nicht jede Erektionsstörung muss jedoch psychisch bzw. körperlich begründet sein. Manchmal ist es einfach nur reine Selbstüberschätzung oder der Drang, sich selbst etwas zu beweisen. Wenn dein Penis nach zwei Erektionen an einem Abend schlappmacht und die dritte sich eben nicht mehr einstellt, dann ist das ganz normal. Dein bestes Stück ist schließlich kein Automat, den du beliebig an- und ausschalten kannst.

Zu einer Erektion gehören eine gewisse Spannung, die erotischen Reize von außen – z. B. die eines Mädchens –, eigene sexuelle Fantasien und die Stimulation empfindlicher Zonen. All das muss zusammenspielen, damit dein Penis in Schwung kommt.

Wenn nur einer dieser Faktoren fehlt, läuft es nicht. Und das ist gerade dann oft der Fall, wenn ein Junge zum ersten Mal Sex hat, noch unerfahren und unsicher ist und sich vor lauter Stress nicht richtig konzentrieren kann. Auch mit einer neuen Partnerin stehen viele erst einmal so unter Druck, dass es nicht klappt.

So könnt ihr Erektionsstörungen vermeiden

- Seid offen und ehrlich zueinander, sprecht über eure Bedürfnisse, Erwartungen und Ängste. Allein damit lässt sich oft schon viel Druck abbauen.
- Zwingt nichts herbei, was gerade nicht möglich ist. Ihr müsst nicht miteinander schlafen. Nehmt euch stattdessen viel Zeit, schafft eine angenehme Atmosphäre mit Schmusemusik, und genießt es, dass ihr zusammen seid.
- Je entspannter und gelassener ihr seid, desto besser ist es. Ein ausführliches, schönes Petting mit vielen Streicheleinheiten hilft dir, eine Erektion in Gang zu bringen und sie auch zu halten.
- Wenn ihr beide dann Lust auf mehr habt, dein Penis aber noch nicht richtig mitzieht, dann lege ihn in der Missionarsstellung zwischen ihre feuchten Schamlippen. Bleibt eine Weile so liegen, seht euch in die Augen, und küsst euch. Wenn du dich im Kopf total von allen anderen Gedanken löst, stellt sich ziemlich schnell auch eine Erektion ein.

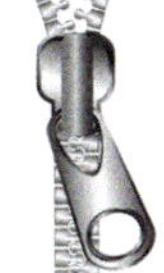

WIE KANN ICH VERMEIDEN, DASS ICH ZU FRÜH KOMME?

Du bist total verknallt in sie und willst mit ihr schlafen. Doch schon der Gedanke daran erregt dich so stark, dass dein Penis darauf reagiert und steif wird. Ist es dann so weit, kannst du dich kaum noch zurückhalten. Es kommt schon zum Samenerguss, ehe du in sie eindringen kannst. Peinlich, peinlich, denkst du. Aber das ist nur ein kleines Missgeschick und nichts, worüber du dir ernsthafte Sorgen machen müsstest.

Alexander (16):
»Meine Freundin und ich - wir wünschen uns nichts sehnlicher, als einmal miteinander zum Höhepunkt zu kommen. Doch leider gelingt uns das nie, weil ich immer zu früh dran bin. Ich kann machen, was ich will, es überrollt mich einfach. Sie ist mir deswegen nicht böse, aber mich selbst stört das sehr. Wie kann ich den Samenerguss hinauszögern?«

Dass junge Männer zu schnell kommen, hat etwas mit ihrer sexuellen Unerfahrenheit, mit einer gewissen Aufregung und dem außergewöhnlichen Druck zu tun. Etwa dann, wenn du zum ersten Mal mit einem Mädchen schläfst oder Stress in der Schule bzw. mit deinen Eltern hast. Auch die Angst davor, dass sie schwanger werden könnte oder dich zu sehr an sich binden will, kann zu einem vorzeitigen Samenerguss (Ejakulation) führen. Jede Art von Stress regt die Ausschüttung eines Hormons an, das die Gefäße der Schwellkörper erweitert und alles wie im Zeitraffer ablaufen lässt. In der Medizin nennt man das »Ejaculatio praecox«.

Bei Jungs in deinem Alter ist das ein häufiges Problem. Gerade wenn du dich lange nicht selbst befriedigt hast oder Sex mit einem Mädchen hattest, geschieht es leicht zu früh. Doch du solltest kein Drama daraus machen, das passiert jedem Jungen immer wieder mal. Im Laufe der Zeit wirst du lernen, deinen Penis zu beherrschen.

Wichtig: Trotz der großen sexuellen Lust, die du verspürst, solltest du nicht vergessen, dass auch deine Partnerin gerne einen Höhepunkt erleben möchte. Penis rein-raus-rein-raus und fertig – das gefällt ihr bestimmt nicht. Ein Mädchen, das zusammen mit dir gerade die Sexualität entdeckt, hat für einen Frühstart meist noch Verständnis, weil sie weiß, dass du auch noch kein Profi bist in Sachen Sex. Aber Frauen, die schon eine gewisse sexuelle Erfahrung haben, wollen erst mal selber kommen. Ein echter Gentleman kümmert sich also auch beim Sex zuerst um seine Partnerin. Wenn du dir das von vornherein angewöhnst, hast du später in diesem Punkt keine Probleme mit dem anderen Geschlecht.

TIPPS, WIE DU ES HINAUSZÖGERN KANNST

- Es gibt spezielle Kondome, deren Gummi dicker ist, z. B. »HT special extra stark« von Blausiegel. Das dämpft die erregenden Reibungsgefühle beim Sex. Dadurch dauert es länger, bis du zum Samenerguss kommst. Für Jungen, die das wollen, ist es einen Versuch wert. Praktischer Begleiteffekt: Dickere Kondome lassen sich leichter überziehen, sind reißfester und daher für Anfänger gut geeignet. Wer eine sehr empfindliche Haut hat oder Allergiker ist, sollte jedoch vorsichtig sein.
- Das Kondom »Durex Performa« enthält ein spezielles Gleitmittel, das die Empfindlichkeit der Eichel für kurze Zeit etwas dämpft. Keine Angst, es macht dich nicht empfindungslos, sondern verhindert nur die zu schnelle Überreizung deines Penis. Bei jedem Mann haben diese Spezialkondome eine andere Wirkung. Manche schwören darauf, andere sagen: Vergiss es! Du kannst ja mal testen, ob es dir etwas bringt.
- Probiert verschiedene Stellungen aus: Oft hängt es auch von der Position ab, wie schnell oder langsam du kommst. Bei der Missionarsstellung (sie liegt auf dem Rücken, du bist über ihr) lässt sich die Ejakulation kaum zurückhalten, im Gegensatz etwa zu der Reiterstellung (du liegst auf dem Rücken, sie sitzt auf dir).
- Kleine Pausen können auch dabei helfen, den Samenerguss hinauszuzögern. Wenn du spürst, dass du gleich kommst, dann gib deiner Partnerin ein Zeichen, sag: Halt! Bleibt aber ruhig ineinander verschlungen liegen, bis deine Übererregung etwas abgeklungen ist. Erst dann macht ihr weiter.

- Schlage ihr vor, dass du lieber selbst die Führung übernimmst, weil du dann deinen Orgasmus besser kontrollieren kannst. Wenn sie zu aktiv wird und den Rhythmus der Bewegungen bestimmt, können viele Jungen sich nicht mehr zurückhalten – und es passiert vorzeitig.
- Achte darauf, dass du deinen Penis nur in die Scheide einführst, wenn sie feucht genug ist. Nur dann ist deine Partnerin bereit, und es tut ihr nicht weh. Bei einer zu trockenen Scheide wird dein Glied außerdem leicht überreizt, was schnell zu einem vorzeitigen Orgasmus führt.
- Oft ist es sinnvoller, der Erregung lieber gleich nachzugeben, um den ersten Druck loszuwerden. Denn Mädchen kommen durch den reinen Geschlechtsverkehr mit Penis raus und rein ohnehin nur selten zu einem Orgasmus. Sie hat meist viel mehr davon, wenn du sie an der Klitoris mit der Hand oder per Oralverkehr mit dem Mund befriedigst. Und bei dir regt sich dann auch schnell wieder etwas, sodass ihr es noch mal probieren könnt.

WIE KRIEGE ICH SIE DAZU, AUSGEFALLENE STELLUNGEN ZU PROBIEREN?

Du hast erste Erfahrungen mit Sex gemacht und bist begeistert davon. Du denkst ständig daran, und wenn du ein Mädchen siehst, das dir gefällt, stellst du dir gleich vor, wie es wohl im Bett mit ihr wäre. Mit deiner Freundin würdest du am liebsten sofort schlafen, wenn du sie triffst. Doch du merkst auch, dass sie nicht immer so mitspielt, wie du es gerne hättest. Du träumst vom Sex – und sie hauptsächlich von der großen Liebe! Das ist oft schwierig unter einen Hut zu bekommen.

Abgesehen davon gibt es natürlich auch Mädchen, die genauso stark an Sex interessiert sind wie du. Das sagen sie zumindest. Aber du musst auch damit rechnen, dass sie dieses Interesse ganz gezielt vortäuscht, weil sie weiß, dass sie damit bei dir punkten und dich an sie binden kann. Insgeheim erhofft sie sich dadurch jedoch, von dir geliebt zu werden. Das solltest du vor allem bedenken, wenn du das Mädchen noch nicht lange kennst und selbst noch keinen Gedanken daran verschwendet hast, mit ihr eine echte Beziehung aufzubauen. Manche Mädchen tun die unmöglichsten Dinge, um einen Jungen für sich zu gewinnen.

Es ist nicht fair von dir, sie als Sexobjekt zu benutzen. Damit verletzt du sie sehr. Sprich offen mit ihr darüber, wie du die Dinge siehst. Das ist besser, als sie in dem Glauben zu wiegen, es würde schon noch was draus, wenn sie nur immer mit dir schläft.

Seid ihr jedoch ein festes Paar und habt Spaß am Sex, dann wollt ihr vielleicht einiges ausprobieren, z.B. verschiedene Stellungen. Möglicherweise hast du ausgefallene Bilder oder Videos gesehen und wünschst dir nun, das mit deiner Partnerin nachzumachen. Doch das funktioniert oft nicht, denn für Foto- oder Filmaufnahmen positionieren sich Paare so lange, bis es dem Fotografen oder Kameramann passt. Das ist ein nüchternes Geschäft und hat nichts mit der Realität zu tun.

Es ist viel besser, ihr entwickelt eure eigenen Stellungen. Die sind in der Regel am besten. Jede gängige Position hat viele Variationen – und was für die einen der größte Kick ist, gefällt anderen überhaupt nicht. Deshalb ist es ratsam, selbst etwas auszuprobieren. Lasst eure Fantasie spielen, seid kreativ, aber tut nur, was beide mögen. Wenn deine Partnerin keine Lust auf eine bestimmte Position hat, dann zwing sie nicht dazu. Versuche auch nicht, sie zu überreden. Alles, was beim Sex nicht auf Freiwilligkeit basiert, bringt meist auch nicht viel Spaß.

STELLUNGEN IM ÜBERBLICK:

- DIE MISSIONARSSTELLUNG: Sie wird am häufigsten praktiziert. Die Frau liegt mit gespreizten, angewinkelten Beinen auf dem Rücken. Der Mann liegt oder kniet über ihr und stützt sich links und rechts von ihrem Körper mit den Händen ab. So können sich beide Partner in die Augen sehen und sich küssen. Nachteil: Die Klitoris wird in dieser Stellung vom Penis kaum berührt, sodass nur wenige Frauen dabei zu einem Orgasmus kommen.

- DIE LÖFFELCHENSTELLUNG: Sie ist besonders zärtlich. Der Mann schmiegt sich von hinten an die Frau, kann so langsam mit seinem Penis in ihre Scheide gleiten und mit der Hand ihr Becken nah an sich ziehen. Vorteil: Du kannst in dieser Position auch ihre Brüste streicheln und sie zusätzlich mit der Hand an der Klitoris stimulieren.

- DIE REITERSTELLUNG: Sie wird von Frauen als besonders lustvoll empfunden, weil dabei ihre Klitoris gut stimuliert werden kann. Der Mann liegt auf dem Rücken, sie sitzt oder kniet mit gespreizten Beinen über ihm. Beide können sich dabei anschauen und küssen. Viele Männer genießen diese Stellung, weil sie dabei mal alles ihrer Partnerin überlassen können.

- DIE WIEGESTELLUNG: Sie ist besonders innig und gefühlvoll und bei Mädchen und Frauen beliebt. Sie sitzt auf seinen Schenkeln, beide Oberkörper berühren sich, beide verschränken die Beine hinter dem Po des anderen und ziehen sich eng aneinander. Ideal für zwei, die entspannten Sex wollen und ihre Lust lange genießen wollen – und gut für Jungen, die zu schnell kommen (s. auch Abschnitt: »Wie kann ich vermeiden, dass ich zu früh komme?«, S. 119), weil ihre Erregung etwas gebremst wird.

- DIE 69ER-STELLUNG: Eine höchst intime Position, bei der es jedoch nicht zum Geschlechtsverkehr kommt. Stelle dir die Zahl »69« mal vor, wenn sie auf die Seite gekippt ist. Beide Partner liegen nebeneinander oder übereinander, das Gesicht jeweils dem Schoß des anderen zugewandt. Mit den Händen, dem Mund oder der Zunge können sich so beide gegenseitig an den Geschlechtsteilen stimulieren. Eine Stellung, die nicht jeder mag und die ein sehr hohes Maß an gegenseitigem Vertrauen erfordert.

- DIE A-TERGO-STELLUNG: Sie wird auch »Hündchenstellung« oder »Sex von hinten« genannt. Die Frau steht oder kniet mit dem Rücken zum Mann und stützt sich mit leicht gespreizten Beinen nach vorn mit den Armen ab. Männer finden diese Position sehr erregend, weil sie so mit dem Penis tief in die Scheide eindringen können. Frauen mögen sie dagegen nicht so sehr. Kein Wunder, denn dabei sind sie dem Partner total ausgeliefert, haben keinen Blickkontakt und oftmals Schmerzen, weil sie sich verkrampfen. In diesem Fall sofort stoppen. A-Tergo erfordert vom Mann allerhöchste Rücksichtnahme und ist nur für Paare geeignet, die sexuell schon miteinander vertraut sind.

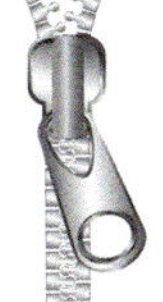

- ANALVERKEHR: A-Tergo ist kein Analverkehr. Obwohl die Stellung sehr ähnlich ist, gibt es einen wesentlichen Unterschied: Bei der Hündchenstellung wird der Penis in die Scheide eingeführt, beim Analverkehr in den After. Dabei ist Vorsicht geboten, denn der After produziert – im Gegensatz zur Scheide – keine natürliche Gleitflüssigkeit und dehnt sich auch nicht, sodass es zu schmerzhaften und ernsten Verletzungen kommen kann. Daher ist ein wasserlösliches Gleitgel, das auch wirklich auf Wasserbasis beruht, unbedingt nötig. Keinesfalls öl- oder fetthaltige Cremes verwenden, sie bewirken das Gegenteil, greifen außerdem Kondome an und machen sie unsicher. Kein Analverkehr ohne Kondom! Denn beim Analverkehr können Krankheiten wie Aids und andere Infektionen besonders leicht übertragen werden. Im Übrigen haben nicht sehr viele Frauen darauf Lust, und wenn sie dabei nicht entspannt sind, wird es umso problematischer.

DER TAG NACH DEM ERSTEN MAL: WIE GEHT ES WEITER, WAS MUSS ICH TUN?

Egal, ob du das allererste Mal überhaupt mit einem Mädchen geschlafen hast oder ob es das erste Mal mit deiner neuen Freundin war – danach sieht die Welt manchmal ein bisschen anders aus. Bei einigen jungen Paaren hängt der Himmel voller Geigen, bei anderen machen sich erst einmal Unsicherheit und oft auch Schamgefühle breit. Jeder hat sich dem anderen im Rausch sexueller Lustgefühle völlig nackt gezeigt und hat nun nachträglich Angst, den Erwartungen des anderen vielleicht nicht entsprochen zu haben.

Du weißt nicht genau, ob sie mit deinem Penis zufrieden war, und fragst dich insgeheim: Ob er ihr wohl groß genug war? Hätte ich vorsichtiger sein müssen? War alles okay oder hat sie etwas vermisst? Hält sie mich jetzt für einen guten Liebhaber oder für einen Versager? Fragen, die dir auf der Seele brennen, die du aber nicht laut stellen willst. Stattdessen gibst du dich zurückhaltend, ein bisschen komisch und merkwürdig eben.

Sie hat ihre Fettpölsterchen offen gezeigt und überlegt nun: Wie hat ihm meine Figur wohl gefallen? Hätte er gerne ein Mädchen mit größeren Brüsten? War ich zu zickig im Bett? Hätte ich doch das eine oder andere mitmachen sollen? Liebt er mich wirklich und will eine Beziehung? Oder wollte er nur mit mir ins Bett? Mag er mich so, wie ich bin? Ruft er mich wieder an? Oder war's das jetzt schon? Sie zerbricht sich den Kopf, will dich aber nicht bedrängen. Denn das mögen Jungen nicht, das weiß sie. Trotzdem wünscht sie sich Klarheit – genauso wie du.

Um die seltsame Stimmung zu entspannen, solltest du auf sie zugehen und ihr das Gefühl geben, dass es dir gefallen hat. Sag ihr, wie schön es für dich war, dass du sie lieb hast und wie sehr du dich schon aufs nächste Mal freust. War es jedoch nicht besonders befriedigend für dich, aber du empfindest sehr viel für das Mädchen, dann mach ihr Mut. Das erste Mal geht oft daneben, gib ihr eine zweite Chance.

Du kannst ihr sagen, dass du es nicht ganz so toll fandest, aber zu viel Ehrlichkeit auf diesem Gebiet kann auch verletzend für sie sein. Wenn es nicht allzu schlimm für dich ist, dann ist es diplomatischer, die Sache herunterzuspielen, als sie durch Vorwürfe oder große Diskussionen aufzuwerten. Wenn die nächsten Male befriedigend für beide sind, ist das erste Mal nur noch ein Schmunzeln wert.

WAS TUN, WENN SIE SCHWANGER IST UND ICH UNGEWOLLT VATER WERDEN SOLL?

Du weißt über Verhütung Bescheid, hast aber keine feste Freundin. Deshalb hast du auch kein Kondom in der Tasche. Dass dir ausgerechnet an diesem Abend das Mädchen begegnen soll, das dich total aus der Fassung bringt, kannst du dir nicht vorstellen. In der letzten Zeit hast du hauptsächlich welche von der Sorte Zicke getroffen – und auf die hast du nun wahrlich keine große Lust.

Doch dann steht sie plötzlich vor dir, sieht dich mit strahlenden Augen an – und du denkst nur noch: Wahnsinn! Das gibt es nicht! Wie sie lacht, wie sie sich bewegt, wenn sie tanzt! Diese Frau raubt dir fast den Verstand.

Ihr kommt ins Gespräch. Es lässt sich alles gut an. Das erregt dich, du spürst sexuelle Lust, willst sie anfassen und streicheln. Sie signalisiert dir, dass es ihr ähnlich geht.

Und dann kommt eins zum anderen ...

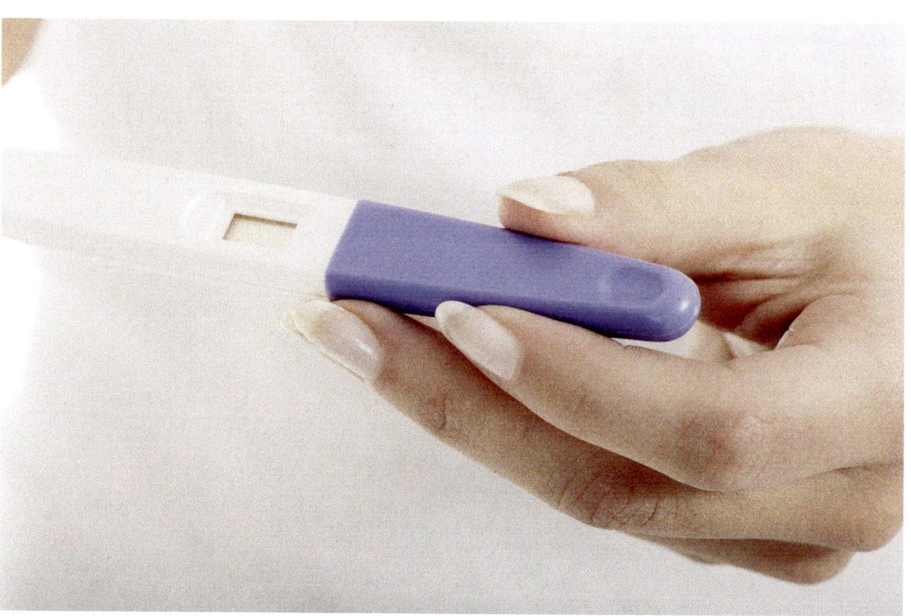

Nick (17):
»Als ich Lara (16) in der Disco kennenlernte, war mir schon bald klar: Da wird was draus! Ich dachte nur nicht, dass es schon am ersten Abend so weit sein könnte. Ich habe sie extra nicht gedrängt, weil man das ja bei Mädchen nicht machen soll. Aber sie wollte es, sie wollte es unbedingt. Wir hatten beide auch etwas getrunken und waren total gut drauf. Verhütung war dann kein Thema mehr. Es war einfach so schön, wir haben es beide genossen und trafen uns von da an jeden Tag. Der große Schock kam zwei Monate später. Sie sagte mir, dass ihre Tage nicht gekommen sind. Wir haben dann zusammen einen Schwangerschaftstest gekauft, er war positiv! Und der Frauenarzt bestätigte das. Seitdem ist nichts mehr, wie es einmal war. Sie geht noch zur Schule, und ich mache gerade eine Lehre, verdiene nicht viel und wohne noch bei meinen Eltern. Ich kann auf keinen Fall für das Kind sorgen. Sie will es eigentlich auch nicht haben. Aber dann doch wieder. Wir wissen überhaupt nichts mehr, es ist so schrecklich. Soll ich sie dazu überreden, das Baby nicht zu bekommen?«

Lass es sein, du darfst sie auf keinen Fall zu irgendetwas überreden. Nicht dazu, das Baby zu bekommen – und schon gleich gar nicht zu einer Abtreibung. Es ist sogar gesetzlich verboten, dass Dritte, also der Partner, ihre oder deine Eltern, die betroffene Frau unter Druck setzen, sie zum Abbruch drängen oder drohen, keinen Unterhalt zu bezahlen. Tun sie es dennoch, können sie wegen Nötigung bestraft werden.

Es ist ganz allein Sache des Mädchens bzw. der Frau, welche Entscheidung sie trifft. Sie trägt die Verantwortung für sich und das Kind. Sie muss mit den praktischen und psychischen Folgen fertig werden, die sich aus einer Mutterschaft oder einem Schwangerschaftsabbruch ergeben. Dabei kann ihr niemand helfen, also sollte sie sich auch nicht beeinflussen lassen und aus freiem Willen Ja oder Nein zu dem kleinen Lebewesen in ihrem Körper sagen. Sie stellt damit die Weichen für ihre Zukunft.

Diese Entscheidung ist schwer genug, du kannst ihr aber mit etwas Einfühlungsvermögen und Verständnis beistehen und ihr sagen, dass du ihren Entschluss akzeptieren wirst – wie auch immer er ausfällt.

Du musst dir im Klaren darüber sein, dass sie es sich nicht leicht machen wird. Auch wenn du jetzt schwörst, für immer bei ihr zu bleiben, so weißt du nicht, was die Zeit bringt. Du bist sehr jung, das Leben hält noch viele Überraschungen und Verlockungen für dich bereit. Ein Kind braucht aber nicht nur eine Mutter, sondern auch einen Vater. Das bedeutet, dass du die gleiche Verantwortung übernehmen musst wie deine Partnerin, wenn das Baby mal da ist. Doch viele Mädchen zweifeln oft zu Recht an der Unterstützung des Kindesvaters. Es gibt zu viele Beispiele, die belegen, dass so mancher Mann lieber eigene Wege mit einer neuen Partnerin geht, als zu Hause Babygeschrei und chronischen Geldmangel zu ertragen.

Der Alltag mit einem Baby kann hart sein und dich schwer fordern. Da kommt es schnell zu Spannungen – und die große, kribbelnde Liebe von einst rückt in den Hintergrund. Leider kommt es immer wieder vor, dass junge Eltern so überfordert sind, dass sie die Nerven verlieren und sich an ihrem Kind vergreifen, es misshandeln. Doch das sollte für einen zivilisierten jungen Mann wie dich kein Thema sein.

Um es klar zu sagen: Jede Art von Gewalt gegen Kinder – und wenn sie dich gerade noch so nerven – ist tabu. Sie sind schwach, wehrlos und dir ausgeliefert – wer ihnen gegenüber seine zweifelhafte Macht ausspielen muss, handelt verantwortungslos und verwerflich und sollte sich in psychologische Behandlung begeben.

Außerdem: Erinnere dich mal, dass du die Geduld deiner Eltern als Kind sicher auch öfter mal überstrapaziert hast. Das gehört dazu. Das Leben mit dem Nachwuchs bedeutet nicht nur Glück und Freude, sondern auch Verzicht und Unruhe. Richtige Erziehung kann sehr anstrengend sein, macht euch das bewusst. Da ist viel Engagement gefragt.

Wenn ihr euch einig seid, gleichermaßen Verantwortung für euer Kind zu übernehmen und eine Familie zu gründen, dann überlegt gemeinsam ganz genau, ob ihr euch diesen neuen Umständen wirklich gewachsen fühlt und wie ihr das managen wollt. Bindet auch eure Eltern mit ein, denn ganz ohne sie geht es meist nicht, wenn zwei noch so jung sind wie ihr.

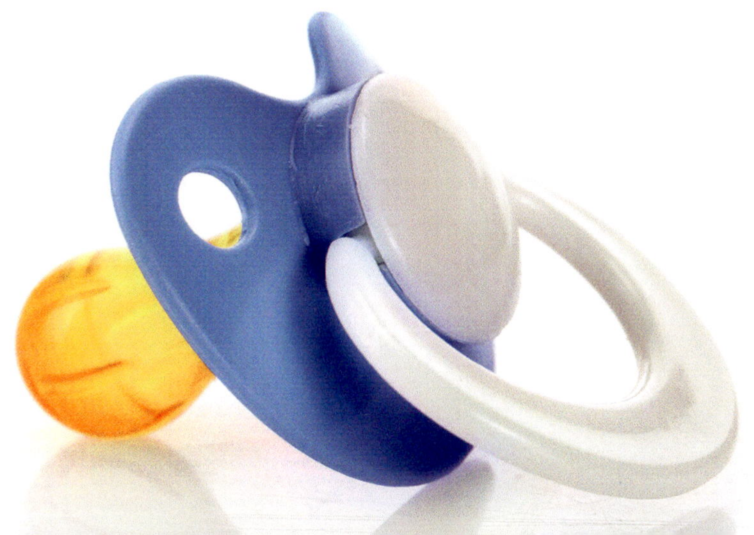

Nun gibt es aber auch Jungen, die sich von dem Mädchen hereingelegt fühlen und mit der Schwangerschaft nichts zu tun haben wollen. Dann sollte dir aber klar sein, dass du auf jeden Fall Unterhalt für dein Kind bezahlen musst. Es nützt dir auf Dauer nichts, die Vaterschaft abzustreiten, denn wenn du wirklich der rechtmäßige Vater bist, lässt sich das leicht feststellen.

Es ist also besser, wenn du zu deinem Kind stehst und deine Pflichten erfüllst. Das heißt: nicht nur bezahlen, sondern sich auch um den Nachwuchs kümmern und ihn regelmäßig sehen. Wenn du keinen Kontakt willst, sollte dir klar sein, dass dieses Kind irgendwann erwachsen sein wird und sich dann eine Meinung von seinem Vater gebildet hat, die sehr oft von Erzählungen der enttäuschten Mutter geprägt ist. Wenn es um dein Kind geht, solltest du also lieber alle Bedenken ihr gegenüber beiseiteschieben. Auch wenn du sie am liebsten nie mehr wiedersehen würdest – als Mutter deines Kindes bleibt sie dir ein Leben lang erhalten.

Du siehst, es gehört ganz schön viel dazu, ein Baby zu bekommen. Es ist also durchaus sinnvoll, sich ehrlich zu fragen, ob man in deinem Alter wirklich schon reif und bereit dafür ist, einem kleinen, hilflosen Erdenbürger so viel Halt und Stütze zu geben, wie er braucht. Wenn du in manchen Situationen selbst noch gern auf deine eigenen Eltern zurückgreifst, bist du noch nicht so weit. Doch du musst dich der Entscheidung deiner Partnerin beugen. Wenn du in eine solche Situation gar nicht erst geraten willst, dann sorge von vornherein für die entsprechende Verhütung, und benutze immer ein Kondom, wenn du mit einem Mädchen schläfst.

4. AUS, SCHLUSS! DAS ENDE EINER LIEBE

WIE SAGE ICH IHR, DASS ICH MIT EINER ANDEREN RUMGEMACHT HABE?

Wenn es gerade neu gefunkt hat zwischen dir und deiner Traumfrau, dann schwebst du erst einmal wie auf Wolken und kannst gar nicht genug von ihr kriegen. Doch schon bald stellst du insgeheim fest, dass es auch noch andere Mädchen gibt, die dir gefallen und denen du gefällst.

Vielleicht hast du dich über deine Freundin sogar geärgert, und dann ergab sich die Gelegenheit, mit einer anderen zu flirten, die auch ganz nett ist. Du hast dich treiben lassen und mit ihr geknutscht. Ihr habt euch in eine Ecke verkrümelt und gefummelt. Es hat dir gefallen, es hat geknistert wie damals, als du deine Freundin kennengelernt hast – bis dich das schlechte Gewissen gepackt hat. Denn eigentlich bist du ja mit einem Mädchen zusammen, das du glaubtest zu lieben. Ihr wolltest du treu sein, wie du es umgekehrt auch von ihr erwartest. Und nun das!

Paul (16):
»Also ehrlich, ich hatte nicht vor, sie zu betrügen, weil ich sie wirklich mag. Aber als ich dann diese Milena (16) kennenlernte und die sich gleich an mich kuschelte, hab ich gedacht: Warum nicht? Ist ja praktisch. Mit meiner Freundin (16) ist das immer so schwierig. Wenn ich ein bisschen Sex will, hat sie entweder gerade Bauchweh oder keinen Kopf dafür. Das hat mich in der letzten Zeit oft genervt. Milena dagegen ruft mich sogar an und sagt, dass sie Lust hat auf Sex und ob wir uns treffen. Ich meine, so fürs Herz ist meine Freundin bestimmt besser, aber Milena ist auch nicht schlecht. Doch richtig fest zusammen sein möchte ich eigentlich nicht mit ihr. Wenn ich das nun meiner Freundin sage, fängt sie sofort an zu heulen. Das kann ich nicht ausstehen. Muss ich es ihr überhaupt sagen? Oder soll ich es lieber für mich behalten?«

Du bist stinkig auf deine Freundin, weil sie nicht immer Lust auf Sex hat. Deshalb bist du fremdgegangen. Dabei ist es doch ganz normal, dass sie nicht jederzeit dasselbe will wie du. Hand aufs Herz: Machst du alles, was sie sich gerade wünscht? Nein? Also solltest du es auch akzeptieren, wenn sie mal nicht in Stimmung ist. Auf jeden Fall sind solche Unstimmigkeiten für eine Frau kein akzeptabler Grund für einen Seitensprung.

Anstatt als Ersatz gleich das nächste Mädchen zu nehmen, das sich gerade anbietet, solltest du deine Freundin mal fragen, warum sie keine Lust hat. Das hat sicher Gründe. Klar, du quatschst nicht gerne so viel darüber, aber wenn dir wirklich etwas an ihr liegt, solltest du nun über deinen Schatten springen. Genau das erwartet sie nämlich insgeheim auch. Damit signalisierst du dein Interesse an ihr als Mensch, nicht nur als Sexobjekt.

Dass viele Männer Auseinandersetzungen mit Frauen am liebsten aus dem Weg gehen, ist ein altbekanntes Problem. Doch ohne Gespräche geht es nicht oder nur kurzfristig und sehr schlecht. Ein Junge, der sich leicht verführen lässt, obwohl er mit einem Mädchen fest zusammen ist und sie auch mag, kann Verlockungen einfach nicht widerstehen, ist unbeherrscht und folgt seinem Trieb.

Nicht selten gehen Jungen und Männer nur deshalb mit einer anderen Frau fremd, weil diese gerade im richtigen Moment am richtigen Ort ist und sie irgendwie reizt. Oder weil sie eben ein bisschen angetrunken sind und Lust auf Sex haben. Mehr wollen sie ja gar nicht – nur Sex. Was ist schon dabei?, sagen sie sich. Wenngleich das nicht für alle gültig ist, so ist es doch eine typisch männliche Verhaltensweise, die für die meisten Frauen nicht nachvollziehbar ist. Sie sind gerade in diesem Punkt völlig anders und geben sich mit Sex allein in der Regel nicht zufrieden. Ein bisschen Gefühl muss schon dabei sein.

Deshalb hat deine Freundin überhaupt kein Verständnis für einen Seitensprung aus rein triebhaften Gründen, und dafür gibt es in ihren Augen auch keine Entschuldigung. Egal, was du erzählst, sie glaubt es nicht, will es nicht wissen, und es interessiert sie auch nicht. Das Einzige, was für sie zählt, ist die Tatsache, dass du ihr Vertrauen missbraucht und sie hintergangen hast. Versuche mal, dich in die umgekehrte Situation hineinzuversetzen: Wie würdest du dich fühlen, wenn sie dir gesteht, dass sie mit einem anderen rumgemacht hat? So etwas trifft auch dich mitten ins Herz.

Natürlich gibt es auch Mädchen, die das Fremdgehen ihres Partners schlucken, doch das ist eher eine Seltenheit. Meist tun sie das nur, um ihn nicht zu verlieren, aber sie leiden still. Es wäre kein guter Charakterzug von dir, wenn du das ausnutzen würdest. Es ist dann besser, offen darüber zu sprechen und einen sauberen Schlussstrich zu ziehen.

Wenn es aber nur ein einmaliger Ausrutscher war, dich das schlechte Gewissen plagt und du keine weitere Zukunft mit deinem Seitensprung planst, dann behalte dieses Abenteuer deiner Freundin gegenüber lieber für dich. Es würde sie nur unnötig verletzen. Hast du aber vor, die andere wieder zu treffen, dann solltest du die Karten auf den Tisch legen. Das läuft nicht stressfrei ab, darüber musst du dir im Klaren sein. Auf Fremdgehen reagieren Mädchen höchst empfindlich, weil sie sich zurückgesetzt und gedemütigt fühlen. Stelle dich also darauf ein, dass sie total ausflippt .

Um so etwas zu vermeiden, ist es von Vorteil, ehrlich zueinander zu sein. Wenn du in eurer Beziehung etwas vermisst und schon mal Lust auf eine andere verspürt hast, dann sprich mit deiner Freundin. Sag ihr, was dir fehlt, bevor du einer Verlockung erliegst. Durch Reden kann man Brücken bauen und Missverständnisse klären. Ohne Reden geht nichts, man beraubt sich selbst jeder Chance und fährt gegen die Wand. Mit Reden dagegen lässt sich oft Licht ins Dunkel bringen und vieles verbessern.

Übrigens: Es ist nicht immer gut, nach einem Seitensprung gleich alles infrage zu stellen und hinzuwerfen. Eine Beziehung zu haben bedeutet auch, dass man daran jeden Tag arbeiten muss. Die pure Harmonie gibt es nicht umsonst. Wenn ihr also wirklich viel füreinander empfindet, dann solltet ihr erst einmal versuchen, für diese Liebe zu kämpfen. Oft lohnt sich das. Und wenn es trotzdem keine Zukunft mehr für euch gibt, müsst ihr euch später wenigstens nicht den Vorwurf machen: Hätten wir doch ...

Doch Seitensprung hin oder her – es ist ganz normal und auch wichtig, dass gerade junge Leute noch herumprobieren. Dass man da seine Fühler in alle Richtungen ausstreckt und Erfahrungen sammeln will, gehört zu deiner Entwicklung. Es ist nicht immer gut, wenn man sich zu früh schon an einen Partner bindet. Um später mal eine erfolgreiche Partnerschaft führen zu können, muss man auch etwas erlebt haben. Ansonsten ist das Nachholbedürfnis oft so groß, dass Ehen daran zerbrechen. Das gilt für Jungen ebenso wie für Mädchen.

WIE TRENNE ICH MICH VON IHR, OHNE DASS EIN DRAMA DARAUS WIRD?

Diese Frage lässt sich in aller Klarheit beantworten: Es ist fast unmöglich, dass so etwas ohne Probleme über die Bühne geht. Da ist Stress vorprogrammiert. Wenn du nicht mehr willst, sie aber von einer gemeinsamen Zukunft träumt, wird es sehr wahrscheinlich Tränen und Vorwürfe geben. Da musst du durch. Es ist zwar ehrenwert, wenn du sie nicht verletzen willst, aber praktisch ist das unmöglich. Jemand, der gerade verlassen wird, ist immer verletzt. Ganz ohne Schmerz geht es bei einer Trennung nie ab. Damit muss der, der verlassen wird, fertig werden.

Wichtig ist, dass du wenigstens taktvoll und mit Stil Schluss machst. Nicht per SMS oder Telefon, sondern von Angesicht zu Angesicht. Alles andere ist feige und unwürdig. Wenn du dich telefonisch mit ihr verabredest, dann sag gleich, dass es etwas Unangenehmes zu besprechen gibt. Dann kann sie sich schon mal innerlich darauf vorbereiten.

Die meisten Mädchen stehen nämlich nicht darauf, sich auf eine Verabredung zu freuen und dann so etwas zu erfahren. Das empfinden sie wie eine Ohrfeige. Gut möglich, dass sie gleich wissen will, was es denn Unangenehmes gibt, dann könnt ihr schon mal am Telefon darüber sprechen. Das könnte zur Folge haben, dass sie dich gar nicht mehr treffen will, womit du erst einmal halbwegs glimpflich davongekommen wärst.

Kommt es aber zu einem Treffen – bitte unbedingt an einem neutralen Ort und nicht in ihrer oder deiner Bude, wo ihr gemeinsam schöne Stunden erlebt habt – und sie will deinen Trennungsgrund genau wissen, dann gehe ehrlich, aber sensibel vor. Das ist nicht immer leicht und erfordert viel Mut. Schwierig, schwierig, denn du willst sie ja nicht kränken – und etwas konfliktscheu bist du auch. Du bist bereit, alles zu ertragen, bloß keine Heulerei und kein großes Theater! Aber sie hat es verdient, dass du dich fair verhältst. Mit anderen Worten: Behandle sie so respektvoll, wie du selbst behandelt werden möchtest, wenn sich ein Mädchen von dir trennt.

Sprich über deine Gefühle, und gib ihr die Chance, Fragen zu stellen. Wenn sie weiß, woran eure Beziehung gescheitert ist, kann sie leichter damit abschließen und auch für die Zukunft etwas daraus lernen. Wenn du dich z.B. in ein anderes Mädchen verliebt hast, du dich eingeengt fühlst oder dir ihre Eifersucht endgültig zu viel geworden ist, dann gehört das auf den Tisch. Es ist viel verletzender und unwürdiger, wenn du die Frage nach dem Warum nur mit »Keine Ahnung, weiß nicht, ist eben so« beantwortest und ein paar Tage später sieht sie dich mit einer anderen herumflirten.

Ehrlich sein ist wichtig und gut. Zu viel Ehrlichkeit aber kann genau das bewirken, was du eigentlich vermeiden wolltest – sie zu beleidigen. Deshalb sage z. B. nie so etwas wie »Ich habe eine andere kennengelernt, die sieht dreimal so gut aus wie du« oder »Meine Neue ist nicht so zickig wie du«. Das sind unsachliche Vorwürfe, die das Mädchen nur verletzen und sonst nichts bringen. Höchstens böses Blut und das kann nicht in deinem Sinne sein. Oder willst du wirklich, dass sie dich nach eurer Trennung für das letzte Schwein hält? Du siehst, es kann oft eine Gratwanderung sein, ehrlich zu sein.

Wer verlassen wird, denkt meist, dass es nichts Schlimmeres gibt im Leben. Man fühlt sich zurückgestoßen, sitzen gelassen und verschmäht. Doch auch für den aktiven Part, der mit dem anderen Schluss macht, ist es oft ein schwerer Schritt. Wer sagt einem Menschen, den er mal geliebt hat, schon gerne, dass es aus ist?

Viel bequemer wäre es natürlich, nichts zu sagen, abzuwarten und die Zeit für sich arbeiten zu lassen. Leider neigen viele Jungen und Männer dazu, weil sie zu feige sind, sich der Sache zu stellen. Doch irgendwann holt sie dich ein. Deshalb ist es am besten, du beißt in den sauren Apfel und bekennst Farbe. Das ist auf jeden Fall besser, als weiterhin so zu tun als ob – und in Wirklichkeit längst keine Lust mehr auf den anderen zu haben. Dann kannst du dich ruhigen Gewissens im Spiegel anschauen und sie wird es dir – wenn auch vielleicht erst viel später – danken, dass du ihr keine Show vorgespielt hast, sondern aufrichtig warst. Jeder kann mal in die Situation kommen, dem Partner sagen zu müssen, dass Schluss ist. Kaum eine Beziehung dauert ewig.

Derjenige, der Schluss macht, muss zwangsläufig damit rechnen, dass er für gemeinsame Bekannte und Freunde der Böse ist, dem die Sympathien erst einmal entzogen werden. Das Mitleid gehört fast immer dem verlassenen Teil. Viele »Schlussmacher« haben auch Angst, dass es dem anderen danach schlecht geht und er womöglich droht: »Ich kann ohne dich nicht leben!« Das kann eine sehr große Belastung sein (s. auch Abschnitt: »Was tun, wenn sie mir droht, sich etwas anzutun?«, S. 141). Trotzdem gibt es keinen Grund, sich davon abhalten zu lassen, denn diese Sorgen sind meist unbegründet.

Oft geht es »Schlussmachern« auch gar nicht darum, den anderen zu schonen. Wer meint, es dem anderen nicht sagen zu können, weil dieser das nicht verkraften könne, übt falsche Rücksichtnahme. Meist steckt dahinter nur die Angst vor der Wut und Trauer, die die Trennungsabsicht beim anderen auslöst. Dies auszuhalten und damit klarzukommen, gehört aber auch zu einer Beziehung dazu. Damit muss derjenige, der gehen will, fertig werden. Jede Liebe, auch wenn sie zu Ende ist, sollte respektvoll behandelt werden. Eine Trennung ist ebenso Teil einer Beziehung wie die anfängliche Veliebtheit.

WAS IST SO SCHLIMM DARAN, PER SMS SCHLUSS ZU MACHEN?

Jakob (17):
»Ich schiebe es schon eine ganze Weile vor mir her, meiner Freundin zu sagen, dass ich keine Lust mehr habe auf unsere Beziehung. Wir sehen uns auch kaum noch. Manchmal meckert sie deswegen, aber sie merkt auch nicht, dass es eigentlich gelaufen ist. Ich habe so viel anderes zu tun, bin aktiv im Fußballverein, gehe gern mit Kumpels zum Klettern, spiele in einer Band – und dann noch die Schule! Nun überlege ich, ob ich ihr einfach eine SMS oder 'ne E-Mail schreibe, dass Schluss ist, sonst geht nur wieder eine große Diskussion los. Und darauf habe ich überhaupt keine Lust.«

Instinktiv merkt deine Freundin längst, dass etwas nicht mehr stimmt. Sonst würde sie nicht meckern. Vielleicht geht es ihr ähnlich – und sie ist froh, wenn es endlich geklärt ist. Dann kann sie sich auch neu orientieren. Es ist auch deshalb nicht okay, wenn du sie hinhältst.

Doch Schluss machen per SMS ist keine geeignete Art, dem ehemals geliebten Menschen etwas so Wichtiges mitzuteilen. Also: Pack gleich das Handy weg, wenn du in Versuchung kommen solltest, deine Entscheidung mal schnell da reinzutippen. Deine Partnerin hat ein Recht darauf, dass du ihr bei dieser Mitteilung in die Augen schaust und dich nicht feige davor drückst.

Wer das tut, zeigt sich konfliktscheu und stillos und gibt Anlass zu der Vermutung, dass er kein besonders starker Charakter ist.

Du kennst sie gar nicht persönlich, sondern nur durch Internet-Chat, E-Mail, Telefon oder Brief? Auch hier gilt: Sag oder schreib ihr offen deine Gründe, warum du das Verhältnis nicht mehr aufrechterhalten willst, und entziehe dich nicht der Auseinandersetzung.

WAS TUN, WENN SIE MIR DROHT, SICH ETWAS ANZUTUN?

Es gibt immer wieder Mädchen und Jungen und auch erwachsene Frauen und Männer, die glauben, ihren Partner halten zu können, wenn sie ihm damit drohen, sich umzubringen. Es gelingt aber in den wenigsten Fällen, den anderen damit umzustimmen. Und wenn doch, dann nur für kurze Zeit, denn wenn sich einer in der Beziehung nicht mehr wohlfühlt, wird er die nächstmögliche Gelegenheit nutzen, um Schluss zu machen. Es würde damit also höchstens etwas hinausgezögert, und die Zeit bis dahin ist meist auch kein Honigschlecken, weil die Partnerschaft nicht mehr auf freiwilliger Basis funktioniert, sondern auf Erpressung beruht.

Wenn dir deine Partnerin bei einer Trennung mit solchen Drohungen kommt, dann geh nicht darauf ein. Zeig ihr, dass du das unfair findest und dass es dich ärgert. Meist sind Aussagen wie »Das verkrafte ich nicht« oder »Dann will ich nicht mehr leben und bringe mich um« zum Glück nur Ausdruck der ersten Verzweiflung.

Doch falls wirklich mehr dahintersteckt und du deiner Ex-Partnerin tatsächlich zutraust, dass sie Ernst macht und sich etwas antut, dann informiere so schnell wie möglich ihre Eltern und Freunde, und bitte sie, sich um sie zu kümmern, sie für eine Weile nicht aus den Augen zu lassen und sie abzulenken. Du selbst solltest dich dann konsequent zurückziehen und ihr damit die Chance geben, das Geschehene zu verarbeiten.

Lass dir auf jeden Fall auch nicht einreden, dass deine Ex-Partnerin eine Trennung nicht verkraftet. Das stimmt nicht und wäre eine falsche Rücksichtnahme deinerseits. Jeder Mensch kann das Ende einer Beziehung verkraften. Die einen können es nur etwas schneller wegstecken, die anderen brauchen dafür länger. Es kommt immer darauf an, wie selbstbewusst ein Mensch ist und wie sehr er sich über diese Partnerschaft definiert hat.

ICH HABE SIE BEIM KNUTSCHEN MIT EINEM ANDEREN GESEHEN, ABER SIE SAGT, DASS SIE NICHTS VON IHM WILL. WARUM TUT SIE DAS DANN?

Jan (15):
»Eigentlich habe ich gedacht, dass mir meine Freundin Julia (15) treu ist. Aber mir blieb fast die Luft weg, als ich sie neulich mit einem anderen Typ sah. Sie gingen eng umschlungen durch den Park, setzten sich auf eine Bank und knutschten wie verrückt. Erst war ich so wütend, dass ich hingehen und dem anderen eine scheuern wollte. Ich gehe normalerweise nie durch diesen Park, es war reiner Zufall. Wahrscheinlich hat sie sich dort sicher gefühlt. Ich habe sie dann zur Rede gestellt, doch da wollte sie mir erzählen, dass sie eigentlich gar nichts von ihm will, das dürfe ich nicht so ernst nehmen. Aber was soll das dann?«

Du fühlst dich zu Recht verletzt. Sie hat dein Vertrauen missbraucht und hinter deinem Rücken mit einem anderen herumgemacht. Doch auf jeden Fall war sie so ehrlich, es gleich zuzugeben. Das solltest du positiv bewerten. Denn sie hätte es ja auch abstreiten können. Demnach liegt ihr auch noch etwas an dir. Gut möglich, dass sie von dem anderen wirklich nichts will und dass es ihr sogar ein bisschen gelegen kam, dass du sie erwischt hast, weil sie hofft, dass es dadurch bei dir »Klick« macht und sie deine Aufmerksamkeit wieder mehr auf sich lenken kann.

Du kannst den Vorfall auch als Signal sehen: Vielleicht findet sie eure Beziehung nicht mehr so prickelnd und spannend? Oder sie vermisst etwas? Streicheleinheiten, liebe Worte, nette Gesten – wann hast du sie zum letzten Mal spüren lassen, dass du sie lieb hast? Mädchen und Frauen brauchen eine Bestätigung ihrer Liebe. Sie wollen hören, dass sie geliebt werden, das gibt ihnen Sicherheit und ein wohliges Gefühl. Du magst das doof finden, schließlich bist du ja immer für sie da. Als würde das nicht reichen! Was will sie denn noch? Du hast ja recht! Aber das ändert nichts an der Tatsache, dass Frauen die Liebe nicht nur durch echte Taten erleben wollen, sondern auch auf ganz romantische Weise (s. auch Abschnitt: »Warum will sie ständig hören, wie sehr ich sie liebe?«, S. 52).

Mädchen testen im Übrigen auch gerne ihren »Marktwert«. Es ist ihnen wichtig, zu wissen, wie sie beim anderen Geschlecht ankommen. Das heißt nicht, dass sie mit diesem Jungen, mit dem sie flirten und knutschen, auch zusammen sein wollen. Nein, sie genießen nur seine Komplimente und das Gefühl, begehrt zu werden.

Gerade dann, wenn deine Freundin das in der letzten Zeit in eurer Beziehung vermisst hat, ist sie dafür anfällig. Gibt es dann einen, der ihr zu verstehen gibt: »Hey, du bist ja voll interessant!«, dann steigt sie darauf ein. Es macht ihr Mut und stärkt ihr Selbstwertgefühl. Das müsstest du auch von dir kennen – in diesem Punkt unterscheiden sich Frauen und Männer nicht besonders. Jeder Mensch mag es, wenn sein Ego gestreichelt wird.

Am besten ist es, du siehst im Fremdflirten deiner Freundin eine Chance. Die Chance, eure Liebe neu zu beleben. Sie nutzt sich im Alltag leider oft etwas ab. Ihr habt beide Stress in der Schule, dazu noch viele andere Verpflichtungen – da passiert es leicht, dass die Liebe zu kurz kommt und man erwartet, dass sie schon irgendwie von selbst läuft. Doch das klappt nicht immer. Darüber werden dir auch erwachsene Paare viel erzählen können.

Doch wenn eure Beziehung den Alltag nicht überdauert, dann gräme dich nicht zu sehr. Sie war dann wahrscheinlich nicht stark genug. Auch wenn es dir erst einmal schwer fällt, das zu akzeptieren, und die Enttäuschung groß ist, betrachte eure Beziehung als einen wichtigen Testlauf für die ganz große Liebe. Du erlebst mit 14, 15, 16 oder 17 Jahren zwar deine erste Liebe, aber das ist nur ganz selten schon die, die idealerweise ein ganzes Leben lang halten soll.

WAS HAT ER, WAS ICH NICHT HABE? WARUM WILL SIE MICH NICHT MEHR?

Sie hat dir gesagt, dass es aus ist. Du willst es nicht glauben. Es ist, als hätte sie einen Dolch mitten in dein Herz gestoßen. Das tut weh, du fühlst dich machtlos. Du fragst, obwohl du es am liebsten gar nicht wissen würdest: »Gibt es einen anderen?« Sie senkt ihren Blick. Leise haucht sie: »Ja, es tut mir so leid. Aber ich kann nicht anders.« Dir kommt es vor, als würdest du gerade einen schlechten Film sehen. Doch es ist Wirklichkeit.

Du fühlst dich weggeworfen, ausrangiert, verletzt, gehörnt. Nach der ersten großen Enttäuschung packt dich die nackte Wut. Sie richtet sich nicht nur gegen das Mädchen, sondern immer mehr auch gegen den anderen Jungen. Wie kommt er dazu, mir die Freundin auszuspannen? Das geht zu weit! Wieso mischt sich dieser Typ in unsere Beziehung ein? Den knöpf ich mir vor, dieses Schwein!

Moritz (17):
»Als mir meine Freundin Antonia (16) sagte, dass Schluss ist, bin ich erst einmal total zusammengebrochen. Ich kam mir so abgeschoben, so veräppelt vor. Womöglich grinst sie sich jetzt noch einen mit ihrem Neuen, weil sie mich abserviert haben. Ich kenne diesen Blödmann kaum, aber ich habe ihn schon öfter gesehen. Was sie ausgerechnet von dem will, verstehe ich nicht. Am liebsten würde ich hingehen und ihn vermöbeln für diese Unverschämtheit. Und meine Antonia fällt auf den herein. Warum bloß? Was hat der, was ich nicht habe?«

Den Rivalen, für den sich deine Freundin entschieden hat, vermöbeln zu wollen, ist zum Glück meist nur eine Idee, die dem ersten Frust entspringt. Es würde die ganze Sache nur noch schlimmer machen, aber sicher nicht ändern. Denn die Mehrheit der Mädchen und Frauen stellt sich dabei auf die Seite des Opfers und nicht des Täters.

Jede Form von Gewalt sollte für dich tabu sein. Gewalt ist nie eine Lösung. Du fügst anderen damit großes Leid zu, das du in der ersten Aggression überhaupt nicht überblicken kannst. Meist entsteht aus der ersten Tätlichkeit eine Eigendynamik, die nicht mehr zu bremsen ist und nur Geschädigte hinterlässt. Vor allem auch dir selbst tust du damit überhaupt keinen Gefallen. Wer gewalttätig ist, gilt als unzivilisiert, unbeherrscht, unsympathisch und nicht gesellschaftsfähig. So etwas hängt dir sehr lange nach.

Sobald du also in Versuchung kommst, die Hand gegen jemanden zu erheben, verwirf diesen Gedanken sofort wieder – oder schlage mit beiden Fäusten gegen die Wand. Du wirst schnell merken, wie schmerzhaft das ist, und dir beim nächsten Mal überlegen, ob du das noch einmal tun willst.

Eine weitere gute Therapie, um Aggressionen abzubauen: ein Boxsack (Punchingball) und ein Paar Boxhandschuhe. Wünsch dir so ein Set zu einem besonderen Anlass von deinen Eltern, oder kauf es dir von deinem Ersparten. Häng dir den Punchingball in deinem Zimmer auf, und hau drauf, bis du nicht mehr kannst. Du wirst sehen, wie befreiend das wirkt. Und es macht Eindruck auf Mädchen.

Es gehört zum Leben, dass du lernst, mit Niederlagen umzugehen. Wer gerade verlassen wird, befindet sich gefühlsmäßig in einem Ausnahmezustand und fragt sich schnell: Was hat der andere, was ich nicht habe? Die Antwort lautet: Es kommt darauf an, wie du dich selbst siehst. Oft haben Jungen ein falsches Bild von sich, erkennen ihre Fehler nicht und neigen dazu, sich selbst zu überschätzen. Überlege mal, ob du nicht vielleicht hättest merken können, dass sie unzufrieden ist? Bestimmt hat sie diesbezüglich mal etwas gesagt. Mädchen ziehen nur selten ganz plötzlich einen Schlussstrich, sondern senden Signale aus oder sprechen die Dinge sogar an. Warst du dir deiner Sache so sicher, dass du das einfach ignoriert oder als ihr »übliches Gemeckere« abgetan hast?

Gut möglich, dass es einiges gab, was deine Freundin bei dir vermisste und bei deinem Rivalen fand. Vielleicht ist er aufmerksamer und einfühlsamer ihr gegenüber? Oder er hat mehr Zeit für sie? Oder sie haben ein gemeinsames Hobby? Kurzum: Es kann sein, dass die Chemie zwischen den beiden einfach mehr stimmt als zwischen dir und ihr. Das kommt oft vor und ist Grund genug für viele Mädchen und auch Jungen, ein neues Kapitel aufzuschlagen.

Verlassen zu werden ist aber nicht nur schmerzhaft und enttäuschend, sondern auch eine Chance. Das willst du in diesem Moment sicher nicht glauben, aber später, im Nachhinein, wirst du es so sehen. Verkrieche dich nicht schmollend wie ein kleiner Junge in einer Ecke, sondern hinterfrage dein Verhalten und die beendete Beziehung. Dann kannst du daraus etwas lernen und daran auch reifen.

WARUM STEHEN MÄDCHEN SO OFT AUF JUNGEN, DIE GAR NICHT BESONDERS LIEB ZU IHNEN SIND UND SIE SCHLECHT BEHANDELN?

Rafael (17):
»Ich habe einfach kein Glück mit Mädchen, obwohl ich immer nett zu ihnen bin, Rücksicht nehme, sie respektiere und Geschenke mache. Auch meine Kumpels finden, dass ich eigentlich genau so bin, wie es sich Frauen angeblich immer wünschen. Meine letzte Freundin verließ mich, weil es ihr auf die Nerven ging, dass ich immer so nett war. Jetzt hat sie einen, der sie ständig mit anderen betrügt und ihr über den Mund fährt. Das habe ich nie getan, das könnte ich gar nicht. Dafür achte ich Frauen viel zu sehr. Ich verstehe das nicht. Wollen Mädchen doch lieber Machos, die sie herumkommandieren und unterdrücken? Was wollen sie überhaupt?«

Es ist tatsächlich so, dass viele Frauen sich zwar nette, liebe und einfühlsame Partner wünschen, aber in der Realität finden sie genau diese Männer langweilig und stürzen sich lieber in die Arme von Machos, nach deren Pfeife sie dann untertänig tanzen. Diese Frauen reizt es, um Anerkennung zu buhlen, sie haben kein ausgeprägtes Selbstwertgefühl. Sie tun vielleicht emanzipiert, aber sie sind es nicht wirklich.

Oftmals kennen sie auch keine anderen Verhaltensmuster, weil sie einen sehr autoritären Vater haben, der die ganze Familie unterdrückt. Wenn die eigene Mutter sich gegen ihren tyrannischen Ehemann nicht durchsetzen kann, färbt das häufig auf die Töchter ab. Sie ahmen das unbewusst nach und suchen dann später immer wieder Männer, die sich ähnlich verhalten wie ihr Vater. Er ist die erste und prägende männliche Person im Leben eines Mädchens – so wie deine Mutter die erste weibliche Leitfigur für dich als Junge ist.

Auch Sex kann ein Grund sein, warum Mädchen und Frauen auf Machos abfahren. Einer, der sich sehr männlich und beherrschend gibt, übt auf manche Frauen einen großen Reiz aus. Seine Aufmerksamkeit zu wecken, das ist etwas Besonderes. Da gibt es die einen, die sich mit ihm beim Sex leidenschaftlich austoben wollen. Aber da gibt es auch die anderen, die von sich selbst nicht viel halten und auch nicht erwarten, dass der Partner im Bett auf sie eingeht. In ihrem Unterbewusstsein ist verankert, dass sie das ja gar nicht wert sind, dass er auch auf ihre sexuellen Bedürfnisse eingeht. Solche Frauen brauchen unbedingt therapeutische Hilfe, weil sie sonst auf Dauer unglücklich werden.

Doch nicht bei allen Mädchen hat es so tief sitzende psychologische Gründe, wenn sie den »bad boy« einem aufrichtigen, intelligenten Jungen vorziehen. Manche probieren einfach nur herum, welcher Typ ihnen mehr liegt, und stellen irgendwann fest, dass so ein Macho doch nicht das ist, was sie wollen. Andere bleiben an einem Macho hängen und finden es gut, dass da einer ist, der ihnen eine gewisse Orientierung gibt und die Richtung bestimmt – und sei sie noch so falsch. Jede Frau kann frei entscheiden, wie sie es haben will.

Ole (16):
»Meine Ex hat jetzt einen Freund, der vor allem dadurch auffällt, dass er regelmäßig betrunken ist und dann auch herumschlägert. Dabei hat sie mir immer erzählt, dass sie so etwas voll ätzend findet. Aber wenn der sich so aufführt, ist das wohl nicht ätzend. Ich kapiere das nicht.«

Du versuchst zu verstehen, warum deine Freundin plötzlich etwas akzeptiert, was sie früher ablehnte. Dafür gibt es keine allgemeingültige Erklärung, außer vielleicht der, dass Frauen sich oft irrational verhalten. Vieles lässt sich nicht erklären, weil sie oft aus dem Bauch heraus handeln, rein gefühlsmäßig. Mädchen sehen die Welt nicht schwarz-weiß, wie Jungen das meist tun, sondern in vielen bunten, undefinierbaren Farben. Sie wissen oft sogar, dass ein Mann nicht gut ist für sie, aber sie lassen sich trotzdem auf ihn ein, lassen sich blenden.

Es ist außerdem ein Urinstinkt von Frauen, sich einen Mann zu suchen, der sie beschützt und ihnen Sicherheit gibt. Ob er das wirklich kann, sei dahingestellt. Zumindest wollen viele Mädchen das Gefühl haben, er könne es. Einem, der immer nett und lieb ist, trauen sie so etwas oft nicht zu, was natürlich ein Irrtum sein kann. Der starke Mann mit der breiten Brust, der macht und das Kommando hat, ist unbewusst für eine ganze Reihe von Frauen immer noch ein erstrebenswerter Partner. Auch das hat damit zu tun, dass ihr eigenes Selbstwertgefühl nicht sehr stark ist. Aber es gibt natürlich auch eine Menge Mädchen, die sehr emanzipiert sind und nicht »beschützt« werden wollen, weil sie das selbst können.

Tatsache aber ist – und das ist entscheidend und sollte dich auch hoffen lassen –, dass die meisten Mädchen und Frauen einen richtigen Mann suchen. Kein Weichei und keinen Macho. Einen, der zwar lieb und nett ist, aber auch taff und stark. Einer, der weiß, was er will, und konsequent ein Ziel verfolgt. Einer, der auf sie eingeht, sie aber nicht mit seiner Liebe erdrückt. Eine gute Mischung eben.

Ein Junge, der wohlerzogen und immer nur lieb und nett zu ihr ist, langweilt sie schnell. Aber einer, der polarisiert und aneckt, erzeugt eine gewisse Spannung. Ist dieser Junge dann mal nett zu ihr, ist das etwas Besonderes und hat eine große Wirkung auf sie. Außenstehende fragen sich da oft: Warum spielt sie das mit? Wieso lässt sie sich das gefallen, wo sie es doch gar nicht nötig hätte? Du Chef, ich Weibchen – dieses uralte Muster scheint manchen Frauen insgeheim immer noch zu gefallen.

Am besten ist es, du findest dich damit ab, dass es immer wieder Situationen gibt, in denen du Frauen nicht verstehst, obwohl du dich sehr darum bemühst. Du tust alles für sie – und sie beklagt sich, dass du nie etwas tust. Du lädst sie ins Kino ein, und ihr gefällt der Film nicht – obwohl sie ihn unbedingt sehen wollte. Du holst sie von der Schule ab, hast dich beeilt und sie stänkert, weil sie lieber mit ihren Freundinnen noch einen Kaffee trinken will. Du nimmst Rücksicht darauf, dass sie Bauchschmerzen hat und sie beschwert sich, dass du wohl keinen Sex mehr mit ihr willst.

Etwas verallgemeinert ausgedrückt: So sind Frauen eben. Auf jedes Detail einzugehen, das weibliche Wesen bewegt und bewegen könnte, würde den Rahmen dieses Buches sprengen. Für Männer werden sie ein ewiges Geheimnis bleiben, ein großes Rätsel, aber auch immer wieder aufs Neue spannend und verlockend.

WARUM WILL SIE EINFACH NICHT VERSTEHEN, DASS ES AUS IST, UND VERFOLGT MICH?

Endlich hast du es geschafft und ihr gesagt, dass du Schluss machen willst. Du fühltest dich schon länger eingeengt und zu sehr in die Pflicht genommen. Es hat eine Weile gedauert, bis du dich getraut hast, ihr gegenüber Farbe zu bekennen. Denn insgeheim hast du geahnt, dass sie das nicht so einfach akzeptieren würde.

Nun ist ihre Verzweiflung offensichtlich. Sie weint, bittet dich, es dir noch einmal zu überlegen. »Du kannst mich doch nicht einfach so abschieben!«, fleht sie. »Warum denn? Es ist doch alles okay!« Dass bei dir schon lange nichts mehr okay ist, übersieht sie in dieser Situation. Sie sieht nur noch sich, die Niederlage, die Schmach, und fühlt sich gedemütigt und weggeworfen.

In diesem Punkt unterscheiden sich Mädchen und Jungen kaum voneinander. Derjenige, der verlassen wird, versteht die Welt nicht mehr. Und der, der sich trennt, wird erst einmal von Gewissensbissen geplagt, obwohl er fest davon überzeugt ist, dass seine Entscheidung richtig ist. In der Regel beruhigt sich die Lage, wenn sich die erste Aufregung gelegt hat und die oder der Verlassene die neue Situation akzeptiert hat.

Lennart (17):
»Seit ich sie verlassen habe, sehe ich meine Ex öfter als früher. Sie kommt plötzlich zu Partys, auf die sie nie wollte, wo ich aber gerne hingehe. Sie fragt meine Kumpels nach mir aus, schickt mir täglich zehn SMS oder wartet nach der Schule auf mich. Und jedes Mal wieder versucht sie, mich zu belabern, dass wir es doch noch mal versuchen sollten. Ich will aber nicht. Mich nervt das total. Wie werde ich sie endlich los? Ich will ihr ja nicht noch mehr wehtun.«

Es gibt immer wieder Frauen und Männer, die es nicht hinnehmen wollen, dass der Partner sie verlassen hat. Sie sind geradezu besessen von dem Gedanken, ihn zurückzugewinnen, und lassen dabei kein Mittel ungenutzt. Sie belästigen ihn mit Anrufen, überwachen seinen Tagesablauf und tauchen überall dort auf, wo er gerade ist. Sie terrorisieren und verfolgen ihn. Das nennt man »Stalking«. Der Ausdruck ist vom englischen Verb »to stalk« abgeleitet und bedeutet in der Jägersprache »sich anschleichen, anpirschen«. Auch wenn es Frauen gibt, die ihren Ex nicht loslassen wollen und ihm auflauern: Statistiken zufolge sind über 80 Prozent der Stalker männlich und über 80 Prozent der Stalking-Opfer weiblich.

Stalker betreiben Psychoterror und wollen in ihrem »Liebeswahn« den anderen dazu zwingen, die Trennung rückgängig zu machen. Ob dieser das will, interessiert den Belästiger nicht. Ihm geht es nur um seine Interessen. Führen all seine Aktionen nicht zum Erfolg, schlägt das Bemühen oft in Hass, Rache oder Vergeltung um. Stalker sind Menschen mit geringem Selbstwertgefühl und leiden häufig unter Persönlichkeitsstörungen. Sie fühlen sich von ihrem Opfer gedemütigt und wollen es bestrafen. Oft sieht sich der Stalker auch selbst als Opfer oder will Macht über andere ausüben. So wenig wie du es ausstehen kannst, wenn dich deine Ex nicht in Ruhe lässt, so sehr solltest du dich selbst im Griff behalten, wenn du verlassen wirst. So etwas verletzt die Eitelkeit, das ist klar. Aber es berechtigt niemanden, die Freiheit des anderen einzuschränken. Seit 2006 gibt es außerdem ein Anti-Stalking-Gesetz, das Nachstellen, Auflauern und permanente Belästigung eines anderen unter Strafe stellt.

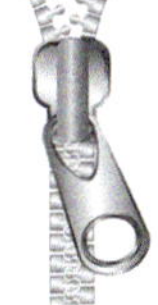

WAS DU TUN KANNST, WENN SIE/ER DIR AUFLAUERT UND DIE TRENNUNG NICHT AKZEPTIEREN WILL

Diese Tipps gelten für beide Geschlechter gleichermaßen.

- Teile ihr/ihm möglichst schriftlich mit, dass du keinen Kontakt mehr wünschst. Wenn du es ihr/ihm sagen willst, dann am besten vor Zeugen.
- Gehe auf keinen Kontaktversuch mehr ein, schalte notfalls dein Handy ab. Reagiere nicht auf E-Mails.
- Hört der Terror nicht auf, ändere deine Rufnummer und verteile sie nicht wahllos an andere.
- Versuche nicht, den anderen zur Einsicht zu bewegen oder um Verständnis für dein ablehnendes Verhalten zu werben.
- Handle schnell, bevor sich beim anderen eine Gewohnheit aufbaut. Von alleine hört dieser Psychoterror meist nicht auf.

DARF AUCH EIN JUNGE LIEBESKUMMER HABEN UND WEINEN?

Daniel (14):
»Ich war jetzt drei Monate mit einem gleichaltrigen Mädchen zusammen, das ich wirklich sehr lieb hatte. Doch von heute auf morgen hat sie mir gesagt, dass es aus ist. Sie will lieber einen älteren Jungen, der schon mehr weiß als ich. Das hat so reingeknallt bei mir, dass ich deswegen heimlich weine. Nicht nur einmal, es überkommt mich immer wieder. Ich denke dauernd an sie und bin unglaublich traurig. Ich kann mit niemandem darüber reden, weil sie doch nur lachen, dass ich als Junge Liebeskummer habe. Warum dürfen nur Mädchen leiden, wenn ihre große Liebe zu Ende ist?«

Es zerreißt dir fast das Herz, du befindest dich im Ausnahmezustand. Sie will nicht mehr. Aus, Schluss, vorbei! Wenn das umgekehrt einem Mädchen passiert, dann ist es ganz normal, dass sie sich bei einer Person ihres Vertrauens ausweint. Doch du als Junge scheust davor zurück, dich jemandem anzuvertrauen, weil du glaubst, du dürftest dich nicht so gehen lassen. Doch du darfst deinen Liebeskummer genauso ausleben wie ein Mädchen und auch weinen. Dafür musst du dich nicht schämen, das ist ganz normal. Die alten Klischees, die ein bestimmtes Verhalten immer nur dem einen oder anderen Geschlecht zuordnen, sind zum Glück längst überholt.

Es sind nicht immer nur Jungen und Männer, die sich scheinbar eiskalt und gefühllos trennen und einer anderen Frau zuwenden.

Es gibt sehr viele Mädchen und Frauen, die auch keine Skrupel haben, ihrem Liebsten den Laufpass zu geben. Die Scheidungen bei erwachsenen Ehepaaren werden übrigens überwiegend von Frauen eingereicht. Ob jemand besonders kaltschnäuzig oder warmherzig ist, hat nichts mit dem Geschlecht zu tun.

Jungen und Männer sind nicht grundsätzlich die Böseren, ebenso wenig wie Frauen von Haus aus die besseren Menschen sind. Es gibt auf beiden Seiten solche und solche.

Dass viele Jungen sich genieren, wenn sie unter einer Trennung leiden, liegt daran, dass sie oft bis zum heutigen Tag dazu erzogen werden, keine Gefühle zu zeigen. Das gilt als unmännlich. Sie werden schnell als Weichei verspottet oder als schwul – vor allem von anderen Jungen und Männern. »Bist du eine Memme oder ein Mann?«, heißt es dann.

Frauen dagegen haben dafür meist sehr viel Verständnis und schlüpfen gerne in die Rolle der verständnisvollen Trösterin. Denn sie wissen, dass Männer gar nicht so stark sind, wie sie tun – und das finden sie auch sympathisch. Jungen,die eine Kumpel-Freundin haben, mit der sie über alles reden können, haben also Glück. Sie können sich an ihre Schulter lehnen und weinen – und sie wird dich verstehen und trösten.

Leider gibt es keine Medizin gegen Liebeskummer, da musst du einfach durch. Und das nicht nur dieses eine Mal – Liebeskummer kommt im Leben meist öfter vor. Es ist äußerst wichtig, dass du lernst, damit umzugehen und ihn in den Griff zu kriegen. Erst dann bist du reif für eine neue Beziehung. Auch wenn es im Moment sehr schlimm für dich sein mag – das Leben geht weiter, und es erwarten dich irgendwann einmal möglicherweise noch viel schönere Stunden mit einer anderen Partnerin. Dann wirst du mit einem Schmunzeln daran zurückdenken, wie sehr du dich gegrämt hast.

Das mag jetzt im Augenblick zwar kein Trost für dich sein, aber du kannst darauf vertrauen, dass nach jedem Regen auch immer wieder die Sonne kommt. So ist das in der Natur – und im Leben jedes Menschen.

HIER EIN PAAR WERTVOLLE TIPPS GEGEN DEINEN LIEBESKUMMER:

- Schluck ihn nicht runter, weine dich aus und trauere! Setz dir aber eine Frist, z. B. nächstes Wochenende. Ab Montag früh konzentrierst du dich wieder auf andere Dinge und lässt nicht mehr zu, dass nur noch der Liebeskummer dein Leben bestimmt.
- Schäme dich nicht für deinen Liebeskummer. Das kennt jeder, der einmal geliebt hat. Vertraue dich einem Freund oder einer Freundin an oder einem anderen Menschen, der dich versteht. Aber strapaziere sie nicht über, indem du immer wieder von vorne anfängst.
- Gönne dir selbst etwas, verwöhne dich! Triff dich mit Freunden, geh ins Kino oder in ein Konzert, oder koch dir deine Lieblingsspeise. Alles, was dich auf andere Gedanken bringt, tut dir jetzt gut.
- Gib dir Zeit und werde nicht nervös, wenn du glaubst, du hättest deinen Liebeskummer überwunden, und dann kommt er doch wieder zurück. So wie die Liebe langsam wächst, so wird auch der Kummer nur langsam weniger.
- Lass deine Wut raus! Knall die Kissen gegen die Wand oder schrei laut, z. B. in der freien Natur. Auf keinen Fall solltest du die Wut gegen dich selbst richten, dir irgendwie wehtun oder dich bestrafen.

5. DU UND DAS ANDERE GESCHLECHT IM ALLGEMEINEN

WARUM REDEN MÄDCHEN OFT SO VIEL UND ERWARTEN, DASS MAN IHNEN STUNDENLANG ZUHÖRT?

»Ein Mann – ein Wort, eine Frau – ein Wörterbuch«. So lautet ein Spruch, der das Klischee von wortkargen Männern und redseligen Frauen auf den Punkt bringt. Stimmt nicht, sagen amerikanische Psychologen aus Arizona, die den Wortfluss von Frauen und Männern gemessen haben. Ihren Untersuchungen zufolge reden Männer nur geringfügig weniger als Frauen.

Dagegen fand die Neurologin Louann Brizendine, ebenfalls aus den USA, heraus, dass Frauen etwa 20 000 Wörter pro Tag sprechen, Männer dagegen nur 7000. Und sie liefert auch gleich die Erklärung dafür: Das weibliche Gehirn hat elf Prozent mehr Nervenzellen als das männliche – besonders in dem Bereich, der für Gefühle und Erinnerungen zuständig ist.

»Frauen haben quasi eine achtspurige Autobahn, um Gefühle zu entwickeln«, so Brizendine, »Männer dagegen nur eine Landstraße.«

So weit die klugen Leute aus der Forschung. Egal, was nun stimmt – du hast auf jeden Fall den Eindruck, als würden Mädchen unentwegt quasseln. Aber betrachte dich auch selbst mal etwas kritisch: Bist du vielleicht ein bisschen redefaul? Weichst du Gesprächen aus? Muss sie dir alles aus der Nase ziehen? Hörst du ihr wirklich zu? Oder muss sie immer wieder und wieder sagen, was sie will, weil du sofort abschaltest, wenn sie redet?

Elias (16):

»Wenn ich meine Freundin anrufe, um kurz zu hören, wie es ihr geht, fängt sie sofort an, mich vollzulabern, und hört auch nicht mehr auf. Mir geht das manchmal total auf den Geist, sodass ich einfach abschalte und nicht mehr zuhöre. Das scheint sie auch nicht zu stören. Hauptsache, sie kann reden. Dabei will ich nur wissen, ob alles okay ist. Man muss doch nicht ständig über jeden Käse quatschen. Warum versteht sie das nicht?«

Deine Freundin wünscht sich Aufmerksamkeit. Darauf solltest du unbedingt eingehen, wenn du sie als deine Freundin behalten willst. Bei den meisten Trennungen beklagt sich die Frau, dass sie sich von ihrem Partner nicht genug wahrgenommen fühlt. Das ist mit ein Grund, weshalb sie oft so viel redet. Sie hofft, dadurch die Beachtung bei dir zu finden, die sie sich wünscht. Kein Mädchen will wie ein Möbelstück behandelt werden, das zwar jederzeit zur Verfügung steht, aber keine weiteren Ansprüche stellt. Sie möchte, dass du auf sie eingehst.

Aber es gibt noch einen Grund, weshalb Frauen viel reden: Mädchen und Frauen haben eine Art Umleitungsschild im Kopf, das sie daran hindert, geradeaus zu sprechen. Sie machen häufig Umwege, auch sprachlich. Sie legen sich nicht gern fest, scheuen Konflikte, reden viel drum herum und kommen nur schwer auf den Punkt. Das alles erfordert einfach mehr Worte.

Ein Mann sagt: »Eine Cola, bitte!« und benutzt die Sprache, um seinen Durst zu löschen. Mehr erwartet er nicht. Eine Frau dagegen möchte mit Worten Sehnsüchte, Wünsche, Träume ausdrücken und ebenso schöne Worte von ihm zurückbekommen. Sie fragt: »Liebst du mich?« und hofft, dass du ihr einen Strauß von Komplimenten und Liebesbeweisen überreichst. Doch du antwortest einfach nur: »Ja, warum?« Das reicht ihr nicht. Sie würde gerne mehr hören – Schönes, Romantisches. Auch wenn du das doof findest, probier es mal aus. Der Umgang mit Frauen will gelernt sein und kann manchmal anstrengend, aber am Ende für dich auch lohnenswert sein. Sie wird dich mit einem Glänzen in ihren Augen und vielen Gegenkomplimenten dafür belohnen.

WIESO TELEFONIEREN MÄDCHEN SO GERNE UND SO LANGE?

Telefonieren ist eine Lieblingsbeschäftigung von vielen Mädchen und Frauen. Es ist so praktisch, weil man dabei auf dem Bett oder der Couch herumliegen kann, sich nicht hübsch machen und aus dem Haus gehen muss und sich nebenbei auch noch die Fingernägel lackieren kann. Keiner kann ihr bei einem Telefongespräch in die Augen sehen oder ihre Körpersprache beobachten. Was ihr erzählt wird, hört keiner. Und wenn sie alleine in ihrem Zimmer ist, bekommt auch niemand mit, was sie sagt.

Da verrinnt die Zeit oft wie im Flug – und irgendwann stellen die beiden Telefoniererinnen fest: »Jetzt quatschen wir schon zwei Stunden!« Frauen haben sich eben immer etwas zu erzählen – notfalls fangen sie wieder von vorne an mit dem Gesprächsstoff. Telefonieren tut ihnen gut.

Auf der Straße oder in einem Cafe dagegen kann jeder belauschen, was gesprochen wird. Das mögen viele gerade dann nicht, wenn es etwas Persönliches zu bereden gibt. Telefonate in der Öffentlichkeit dauern deshalb in der Regel auch nicht so lange. Es sei denn, ein Mädchen will ganz gezielt, dass der Rest der Welt mitbekommt, was es zu erzählen hat. Auch das gibt es.

Obwohl sie sich danach noch persönlich treffen, telefonieren Frauen oft einige Stunden vorher noch endlos mit einer Freundin. So ist das Wichtigste schon mal besprochen, und man kann sich dann, wenn man sich gegenübersitzt, auf das Allerwichtigste konzentrieren. Gegen das Telefon einer Frau hat ein Mann keine Chance – es sei denn, der Akku ist leer.

Jungen oder Männer benutzen das Telefon dagegen vor allem zur Übermittlung von Nachrichten. »Ich fahre jetzt los, bis gleich!«, ist für viele schon ein langes Gespräch. Der ganze Bereich der Kommunikation ist einer der Punkte, in denen sich die Geschlechter am meisten unterscheiden. Aber diese Unterschiede machen sie auf der anderen Seite auch so anziehend füreinander.

WIESO STECKEN MÄDCHEN SO GERN MIT IHRER FREUNDIN ZUSAMMEN UND ERZÄHLEN IHR ALLES?

Die beste Freundin ist für ein Mädchen eine absolute Vertrauensperson. Sie spielt gerade in der Zeit des Erwachsenwerdens eine besondere Rolle. Mit den Eltern will die Jugendliche nicht sprechen – mit Jungen kann sie nicht sprechen; denn oft geht es ja gerade um sie. Eine Freundin, die Ähnliches bewegt, ist jetzt durch nichts zu ersetzen. Das kann sich später ändern, aber erst einmal ist diese Freundin von unschätzbarer Bedeutung.

Mit ihr kann sie lachen, weinen, glucken, lästern und tuscheln. Mit ihr tauscht sie Klamotten, geht shoppen, teilt ihr Taschengeld und redet über Gott und die Welt – und vielleicht auch über dich? Die beste Freundin hat Verständnis, macht ihr keine Vorwürfe und steht ihr mit Rat und Tat zur Seite. Was die Freundin sagt, das glaubt sie. Manche Mädchen sagen sogar: »Meine beste Freundin kennt mich besser als mein Freund.«

Doch die beste Freundin kann auch zur schlimmsten Konkurrentin werden. Gerade wenn es um Jungen oder Männer geht, fliegen schon mal die Fetzen zwischen den beiden Mädchen. Wer von der besten Freundin enttäuscht wird, leidet darunter oft so sehr, als wäre eine große Liebe zu Ende gegangen. Es tut ihr deswegen so weh, weil sie ihr so besonders vertraut hat. Ganz übel wird es, wenn auch nur der leiseste Verdacht aufkommt, du könntest etwas von dieser Freundin wollen. Es kann also besser sein, du verstehst dich nicht zu gut mit ihr.

Du siehst, Frauen sind schwierige Wesen. Alles, was du tust, kann missverstanden werden. Auch wenn du keinerlei Hintergedanken hast – sei vorsichtig! Es kann ins Auge gehen. Am besten ist es, du lässt die beiden Mädchen unter sich und hältst dich raus. Instinktiv weißt du das ohnehin, deshalb bist du in der Anwesenheit ihrer Freundin oft etwas verklemmt, was dann so wirkt, als könntest du sie nicht leiden. Der geballten Girl-Power fühlst du dich ausgeliefert wie ein Ritter, der seine Rüstung verloren hat und nichts mehr anhat außer einem zu kleinen Feigenblatt.

Und was die beiden wohl dauernd quatschen? Über dich? Auch irgendwelche Intimitäten? Das geht die andere doch nichts an! Weiß sie womöglich mehr, als dir lieb ist? Das kann, muss aber nicht sein. Mach dich nicht verrückt deswegen, sondern versuche souverän zu bleiben. Du kannst deiner Freundin ja mal sagen, dass du es nicht so gerne hast, wenn sie zu viel über eure Beziehung weitererzählt. Kluge Mädchen kennen diese Grenzen jedoch und sind im Übrigen selbst daran interessiert, bestimmte Intimitäten für sich zu behalten – auch ihrer besten Freundin gegenüber.

WANN KANN MAN SAGEN, DASS EIN MÄDCHEN EINE »ZICKE« IST?

Fabio (14):
»Ich kenne ein Mädchen, das ich immer für ganz nett hielt. Aber seit ich mit ihr nun mal weg war, bin ich mir nicht mehr so sicher. Erst wollte sie in die Disco, aber dort passten ihr die Leute nicht. Es waren andere Mädchen da, auf die sie keine Lust hatte. Dann sind wir ins Kino gegangen. Leider war der Film nicht so, wie sie gedacht hatte. Danach wollte sie etwas essen, doch als wir dann nach langem Anstehen endlich unsere Burger hatten, meckerte sie herum, dass die ja überhaupt nicht schmecken. Ich habe dann irgendwann gesagt, dass mich das ständige Gemeckere nervt. Daraufhin hielt sie mir vor, ich sei an allem schuld, weil ich die falsche Disco, den falschen Film und den falschen Imbiss ausgesucht hätte. Was soll das? Ich habe sie so oft gefragt, was sie will, und mich ihr total angepasst. Ein Kumpel erzählte mir danach, er hätte sich schon gewundert, was ich von der wolle, das sei doch die totale Zicke. Aber was ist das eigentlich genau – eine Zicke?«

Das Mädchen, mit dem du aus warst, ist eine ganz typische Zicke. Sie findet immer und überall ein Haar in der Suppe. Ihre Ansprüche sind so hoch, dass jeder, der versucht, sie zu erfüllen, von vornherein auf verlorenem Posten steht. Das Schlimmste, was du tun kannst, ist, ihr zu widersprechen. Das endet zwangsläufig im Streit, und sie wird nie zugeben, dass sie im Unrecht ist. Fehler machen immer nur die anderen. Am besten ist es, sie zu loben und ihr zu schmeicheln. Das macht sie umgänglicher. Stellt sich nur die Frage, ob du so ein Mädchen auf Dauer überhaupt ertragen kannst und willst? Es gibt ja noch genug andere, die dich weniger strapazieren.

Doch Zicke ist nicht gleich Zicke. Davon gibt es mehrere Sorten. Diejenigen, die ständig meckern, und die anderen, die vor Selbstmitleid zerfließen oder regelrechte Starallüren haben. Letztere wollen um jeden Preis im Mittelpunkt stehen. Dafür scheuen sie keine Mühen. Seien es besonders schrille, auffällige Outfits oder permanente Sonderwünsche – Hauptsache, alles dreht sich um sie. Wie andere das finden, ist ihnen völlig egal. Viele Jungen und Männer stehen auf solche Frauen und schmücken sich gern mit ihnen. Aber langfristig hält es nur einer mit ihnen aus, der wirklich sehr geduldig ist und die Ruhe gepachtet hat.

Bleibt noch die arme, sich immerzu aufopfernde Zicke. Sie reißt alles an sich, um sich dann zu beklagen, dass sie vor lauter Stress nicht mehr ein noch aus weiß. Ihr Selbstmitleid lebt sie voll aus, sie zehrt geradezu davon, dass andere ja »sooo rücksichtslos und egoistisch« sind, dass wieder einmal alles an ihr hängen bleibt. Doch das Wissen, gebraucht zu werden, gibt ihr das Gefühl, wichtig zu sein. Und das bedeutet sehr viel für sie. Es ist sinnlos, ihr Hilfe und Unterstützung anzubieten. Sie würde dann darüber klagen, dass man ihr alles wegnimmt.

Frauen, die zickig sind, haben oft ein geringes Selbstwertgefühl und sind unsicher. Das überspielen viele gern mit einer gehörigen Portion Arroganz und Hochnäsigkeit. Doch die Bandbreite, was man genau unter dem Begriff »Zicke« versteht, ist sehr groß. Das ist ähnlich wie beim männlichen Pendant, dem Macho oder Pascha. Darunter versteht auch jeder etwas anderes, denn schließlich empfindet jeder Mensch anders.

Zum Glück gibt es auch eine ganze Menge Frauen, die keine Zicken sind, sondern sehr patent und kompromissbereit. Sie setzen sich nicht so in Szene wie die Zicken und sind prima Freundinnen und Partnerinnen. Du hast es selbst in der Hand, ob du lieber ein unkompliziertes, nettes Mädchen willst oder eine, die dich permanent terrorisiert.

WESHALB GEHEN MÄDCHEN IMMER ZU ZWEIT ZUR TOILETTE?

Diese Frage beschäftigt Jungen und Männer schon seit Langem. Doch es gibt bis heute keine eindeutige Antwort darauf, nur Mutmaßungen und Theorien. Die Frau – ein ewiges Mysterium, das zu verstehen für die Mehrheit der Männer ganz und gar nicht leicht ist. Sie fragen sich: Haben Mädchen Angst, alleine zum stillen Örtchen zu gehen – und warum? Was tun sie dort wirklich? Worüber reden sie? Warum brauchen sie oft so lange?

Sofia (15):
»Also, ich gehe nicht oft mit einem anderen Mädchen aufs Klo. Aber wenn ich es tue, dann wird da schon mal richtig abgelästert. Draußen vor allen Leuten kann man ja nicht so reden, wie man möchte, z. B. über Jungen, die einen anmachen und nicht kapieren, dass man von ihnen nichts will.«

Franziska (16):
»Ich gehe deshalb lieber zu zweit, weil man meistens lange anstehen muss, und das ist alleine etwas doof. Wenn es drinnen voll ist, kann man nicht viel reden. Muss ja nicht jeder hören, was man der Freundin erzählt.«

Jennifer (14):
»Jungen sagen einem ja nie ehrlich, ob Kleidung und Haare noch richtig sitzen oder der Lippenstift okay ist. Deshalb nehme ich lieber eine Freundin mit, die sieht das eher. Dann schminken wir uns zusammen nach und hübschen uns auf, eine assistiert der anderen. Finde ich voll cool.«

Lara (14):
»Mich stört es, wenn ich alleine durch den Raum bis zur Toilette gehen muss. Da wird man oft so angegafft und gemustert, das kann ich überhaupt nicht leiden. Zu zweit ist man stärker und kann sich wehren, wenn einer nervt.«

Einer Umfrage zufolge sind Jungen nur Gesprächsthema Nummer drei auf der Toilette. In erster Linie trauen sich Mädchen nicht, alleine dort hinzugehen, oder wollen quatschen, auch über ihr Make-up, die Kleidung oder andere Mädchen. Das ausgeprägte Bedürfnis, sich jemandem mitzuteilen, macht gerade bei sehr jungen Frauen auch vor der Toilettentür nicht halt. Doch keine Sorge – mit den Jahren lässt das etwas nach. Sie gehen dann auch mal alleine zur Toilette.

WARUM WILL SIE AM LIEBSTEN EINEN ÄLTEREN JUNGEN ODER MANN, DER SCHON EIN AUTO HAT UND GELD VERDIENT?

Mädchen, die sehr gut aussehen, sind sich dessen meist auch bewusst. Das nutzen viele verständlicherweise gerne aus und suchen sich einen Partner, der all das hat, was ihnen noch fehlt. Das kann eine eigene Wohnung sein, ein Auto, ein gutes Einkommen, ein gewisser Status in der Gesellschaft, eine besondere Herkunft oder eine berufliche Position, die Eindruck macht.

Von all dem können solche Mädchen profitieren – und das wollen sie auch. Dafür kann sich der junge Mann mit ihr schmücken und sie in der Öffentlichkeit stolz als seine Eroberung präsentieren.

Ob es sich dabei nun immer um reine Liebe, ganz ohne jeden Hintergedanken, handelt, sei dahingestellt. Es gibt auch in solchen Fällen immer wieder Ausnahmen. Aber häufig profitiert einer vom anderen. Sie von dem, was er ihr bieten kann – und er von ihrer Jugend und Schönheit. Nicht selten besteht bei Paaren dieser Art ein hoher Altersunterschied, und die Liebe ist oft so schnell wieder vorbei, wie sie kam.

Doch auch für ganz normale, durchschnittlich aussehende Mädchen kann ein junger Mann, der schon über 18 Jahre alt ist und Führerschein und Auto hat, interessant und anziehend sein. Er wirkt auf sie erwachsen und bereits etabliert. Das gefällt ihnen, denn er bietet ihnen damit ein Stück Sicherheit und ein paar kleine Annehmlichkeiten, mit denen ein 15- oder 16-jähriger Schüler einfach nicht dienen kann. Dazu kommt, dass viele Mädchen selbst gerne schon etwas älter wären und glauben, mit einem erwachsenen Freund das oft noch vorhandene Kindliche an ihnen endgültig abstreifen zu können.

In der Tat ist es ja so, dass Mädchen früher reif sind als Jungen. Auch wenn dir das nicht gefallen mag: Weibliche Wesen sind den männlichen gerade jetzt, in den Jahren der Entwicklung, meist um eine gute Nasenlänge voraus. Und in bestimmten Belangen bleibt es häufig ein Leben lang so. Sorry, aber das ist eben so und muss kein Nachteil für dich sein. Es liegt an dir, wie du damit umgehst.

WIE WIRKT ES AUF EIN MÄDCHEN, WENN ICH MICH IHRETWEGEN MIT EINEM ANDEREN PRÜGELE?

Es gibt keinen wirklichen Grund, weswegen Männer sich gegenseitig verkloppen müssten. Jede Art von Gewalt ist ein Ausdruck von Schwäche. Wer zuschlägt, wenn ihm etwas nicht passt, gibt klar zu erkennen, dass er unfähig ist zur Kommunikation und mit Kritik nicht umgehen kann. Ein richtiger Mann setzt sich mit dem anderen auseinander, redet in aller Ruhe mit ihm und greift ihn nicht tätlich an. In angespannten Situationen ist es deshalb besonders wichtig, dass du ruhig bleibst, denn der Ton macht die Musik. Wenn man sich gegenseitig anbrüllt, wird die Auseinandersetzung so aufgeheizt, dass man leicht in Gefahr gerät, die Hand zu erheben.

Mädchen und Frauen lehnen Gewalt in aller Regel total ab. Es ist ihnen nicht nur zuwider, sondern sie haben auch Angst davor, dass so ein Gekloppe völlig ausarten könnte, was ja auch oft der Fall ist.

Nun mag es immer wieder Mädchen geben, die sich erst einmal geschmeichelt fühlen, wenn sich zwei Jungen um sie streiten. Doch am Ende, wenn sich die beiden Kampfhähne in die Haare bekommen, wollen sie damit garantiert nichts mehr zu tun haben. Dann spielt es für viele Mädchen auch keine Rolle mehr, wer nun im Recht war und wer nicht.

Im Übrigen könnte sie aus einer Prügelei schließen, dass du unter Umständen auch mal bei ihr handgreiflich werden könntest. Kein schöner Gedanke!

Bei einer Schlägerei wird fast immer jemand verletzt, sodass daraus ganz schnell eine Straftat wird. Schon die versuchte Körperverletzung ist strafbar. In dem Moment, in dem du einen anderen körperlich schädigst, sein Wohlbefinden und seine Unversehrtheit beeinträchtigst, musst du mit Konsequenzen rechnen – und die reichen je nach Schwere der Körperverletzung von einer Geldstrafe bis zu fünf Jahren Gefängnis. Nur sehr wenige Mädchen wollen mit solchen Typen etwas zu tun haben.

Wirst du von einem anderen Jungen angegriffen, fühlst du dich herausgefordert. Wenn du noch die Gelegenheit dazu hast, schlägst du wahrscheinlich zurück, was in diesem Fall ein natürlicher Reflex ist. Doch oft genug kommt es vor, dass es diese Gelegenheit nicht mehr gibt, weil du so überrascht wirst von dem Angriff.

Es ist schwierig, dir für eine solche Situation den richtigen Rat zu geben. Am besten ist es, du schreist so laut wie möglich um Hilfe. Dafür musst du dich nicht genieren, es geht schließlich um dich und darum, dass du keine bleibenden Schäden davonträgst. Ist niemand in der Nähe, dann versuche, dich so gut wie möglich zu schützen, vor allem deinen Kopf.

Als Opfer kannst du dir der Unterstützung jedes Mädchens sicher sein. Sie wird alles tun, um dich aufzubauen. Ihr Mitgefühl gehört auf jeden Fall dir (s. auch Abschnitt: »Was hat er, was ich nicht habe? Warum will sie mich nicht mehr?«, S. 144).

HAT MAN ALS GANZ NORMALER, UNSCHEINBARER JUNGE ÜBERHAUPT EINE CHANCE BEI GUT AUSSEHENDEN MÄDCHEN?

Ob jemand gut aussieht, ist immer eine Frage des Geschmacks und der Erwartung. Wenn du findest, dass ein Mädchen superhübsch ist, heißt das noch lange nicht, dass sie selbst und andere auch dieser Meinung sind. Umgekehrt ist das genauso: Du hältst dich für unscheinbar – und weißt vielleicht gar nicht, dass es Mädchen gibt, die heimlich für dich schwärmen.

Außerdem hast du womöglich andere Qualitäten, die bei Mädchen sehr gut ankommen. Vielleicht bist du besonders hilfsbereit, zuverlässig, einfühlsam und freundlich? Das zählt für viele Mädchen mehr als gutes Aussehen (s. auch Abschnitte: »Wann ist sie mit ihrem Aussehen eigentlich mal zufrieden?« und »Wie viel Wert legt sie auf mein Aussehen?«, S. 57 und 59).

Deshalb hast du als ganz normaler Junge durchaus auch deine Chancen. Du musst dich nicht verstecken. Versuche dein Glück! Es ist nicht absolut ausgeschlossen, dass du offene Türen vorfindest. Strebt sie allerdings nach Höherem (s. auch Abschnitt »Warum will sie am liebsten einen älteren Jungen oder Mann, der schon ein Auto hat und Geld verdient?«, S. 169), wird sie daraus sicher kein Geheimnis machen. Dann kannst du dir deine Bemühungen gleich sparen. Aber es gibt ja genug andere Mädchen, die auch nicht hässlich sind und die sich freuen, wenn du dich für sie interessierst.

WARUM SAGEN MÄDCHEN NICHT EINFACH, WAS SIE WOLLEN, SONDERN ERWARTEN IMMER, DASS DER JUNGE DAS SPÜREN MUSS?

Mädchen sind sehr gefühlsbetont und erwarten von einem Jungen, dass er sich in sie hineinversetzen kann. Geht es ihr nicht besonders gut, wünscht sie sich, dass du das spürst, sie fragst, was los ist, und sie tröstest. »Wenn du mich wirklich liebst, dann musst du merken, dass etwas nicht stimmt«, sagt sie. Doch das verstehst du nicht. Du willst ja gerne für sie da sein, aber dann muss sie eben sagen, was sie will. Warum tut sie das nicht einfach?

Kommunikationsprobleme sind in Beziehungen zwischen Frau und Mann immer wieder ein gewaltiger Konfliktpunkt. Sie sagt meist nicht direkt, was sie denkt und fühlt, sondern redet gerne um den heißen Brei herum.

Das ist typisch Frau und führt leicht zu Missverständnissen. Warum sie sich so verhält? Vielleicht, weil sie auf diese Weise deine Fantasie wecken oder deine Aufmerksamkeit erzwingen will. Oder weil sie eine romantische Ader hat und hofft, dass du als ihr Prinz die geheimen Wünsche der Prinzessin erfühlst. Puh!, entfährt es dir da, das ist ja irre! Warum soll ich herumrätseln, was sie will? Soll sie es doch sagen!

Im Prinzip hast du recht. Soll sie es doch sagen! Aber sie tut es nicht. Das ist nicht ihre Art – Ausnahmen bestätigen die Regel. Es gibt natürlich auch Mädchen, die da wesentlich unkomplizierter sind und direkt sagen, was sie möchten. Doch viele andere sind eben kleine Prinzessinnen, die wollen, dass du es errätst.

Anstatt »Ich möchte gerne am Sonntag zu der Party von XY gehen!« sagt sie: »Am Sonntag ist bei XY eine Party.« Insgeheim erwartet sie, dass du jubelst: »Ja, super, da gehen wir zusammen hin!« Doch du nimmst es als reine Info hin und kommst gar nicht auf die Idee, da hinzugehen. Schon ist das Missverständnis da. Sie ist sauer, weil du nicht spürst, dass sie natürlich mit dir zusammen zu der Party gehen will.

Verschlüsselte Botschaften sind eine von vielen Eigenheiten eines Mädchens bzw. einer Frau. Um Ärger auch im späteren Leben zu vermeiden, solltest du lernen, zwischen den Zeilen zu lesen und sofort nachzufragen, wenn du dir nicht sicher bist, was sie meint oder sagen will. Bemühe dich auch, ihr zuzuhören, selbst wenn dich das Gequassel manchmal nervt. Allein dadurch lassen sich einige konfliktträchtige Missverständnisse schon vermeiden. Frag mal erwachsene Männer, ob sie solche Probleme auch kennen – du wirst dich wundern, wie viel Zustimmung du erntest. Deshalb ist es so wichtig, dass du lernst, damit umzugehen. Das tut deiner Beziehung nur gut (s. auch Abschnitt: »Warum reden Mädchen oft so viel und erwarten, dass man ihnen stundenlang zuhört?«, S. 160).

WIESO WILL SIE STÄNDIG MIT MIR ZUSAMMEN SEIN UND VERSTEHT NICHT, DASS ICH AUSSER IHR NOCH KUMPELS HABE UND IM FUSSBALLVEREIN AKTIV BIN?

Daniel (16):
»Ich liebe meine Freundin sehr, aber jedes Mal, wenn ich mich mit Kumpels zum Fußball treffen will, macht sie Stress. Sie meint, ich müsste immer nur mit ihr zusammen sein, schließlich seien wir ein Paar. Aber ich kann und will ihretwegen nicht meine Freunde und mein Hobby aufgeben. Warum versteht sie das nicht?«

Deine Freundin will dich besitzen. Das ist nicht gut. Darüber solltet ihr unbedingt sprechen. Dass ihr euch liebt, ist das eine – aber das andere ist, dass jeder von euch auch noch ein eigenes Leben hat, in dem du z. B. Fußball spielst. Es ist sogar sehr wichtig, dass du deinem Hobby nachgehst und dich mit Kumpels triffst. Denn wenn ihr nur noch zusammen seid und schon ein Leben wie ein altes Ehepaar führt, verschwindet mit der Zeit auch die Spannung. Und die ist von großer Bedeutung, um ein Liebesverhältnis lebendig zu erhalten.

Erkläre ihr, dass auch dein Hobby und deine Kumpels zu dir gehören, und bitte sie, das zu akzeptieren. Ein Mädchen, das auf das Hobby ihres Freunds eifersüchtig ist, vermisst selbst etwas in ihrem Leben. Sie klammert sich an dich, weil sie wahrscheinlich niemanden und nichts anderes hat. Schlage ihr vor, sich auch ein Hobby zu suchen, einem Verein beizutreten oder sich öfter mit ihren Freundinnen zu treffen. Dann tut es ihr nicht so weh, wenn du mal keine Zeit für sie hast (s. auch Abschnitt: »Wie soll ich mich verhalten, wenn sie meinen besten Freund nicht mag?«, S. 40).

WARUM SIND MÄDCHEN OFT SCHON EIFERSÜCHTIG, WENN MAN SICH MIT EINER ANDEREN NUR UNTERHÄLT?

Eifersucht ist eine böse Sache, die eine Beziehung auf Dauer zerstören kann. Ein Mädchen, das schon in Panik gerät, wenn du dich nur mal mit einer anderen unterhältst, hat auf jeden Fall einen großen Mangel an Selbstbewusstsein. Sie sieht in jeder Frau gleich eine Rivalin und fürchtet, du könntest diese besser finden als sie. Wenn sie sich lange nach einem wie dir gesehnt hat, dann will sie dich natürlich nicht gleich wieder verlieren.

Erkläre ihr, dass du sie liebst und zu ihr stehst, aber zeige ihr auch deine Grenzen. Sie muss akzeptieren, dass du dich auch mal mit anderen Mädchen unterhalten willst (s. auch Abschnitt: »Was kann ich tun, wenn sie total eifersüchtig ist?«, S. 51).

KANN MAN MIT EINEM MÄDCHEN WIRKLICH PLATONISCH BEFREUNDET SEIN, ODER WILL MAN IRGENDWANN DOCH MEHR?

Eine rein platonische Freundschaft mit einem Mädchen ist durchaus möglich. Vorausgesetzt, sie ist überhaupt nicht dein Typ und du teilst mit ihr nur ein Hobby oder sonstige Interessen. Wenn sie dir insgeheim jedoch gefällt, dann kann irgendwann der Zeitpunkt kommen, wo du ins Schleudern gerätst und doch mehr von ihr möchtest.

Das wird zum Problem, wenn sie für dich außer Freundschaft nichts empfindet. Kribbelt es in ihr jedoch auch, dann kann daraus vielleicht Liebe werden. Oft ist dann die gewisse anfängliche Spannung, die eine Beziehung erst in Gang bringt, allerdings nicht mehr möglich, sodass nichts Richtiges daraus wird. Einmal platonische Freundschaft – immer platonische Freundschaft? Ausnahmen bestätigen die Regel.

Es ist im Übrigen keine gute Idee, wenn du glaubst, über eine Freundschaft könntest du zu einer Liebesbeziehung mit ihr kommen. Manche Mädchen fühlen sich dadurch auch getäuscht – und dann kannst du gleich alles vergessen, Liebe und platonische Freundschaft.

Wenn du in einer festen Beziehung bist und nebenbei noch eine platonische Freundschaft hast, dann ist Stress oft vorprogrammiert. Denn nur wenige Mädchen können akzeptieren, dass da noch eine ist, mit der du einen Teil deiner Zeit verbringst. Da kommt Eifersucht ins Spiel, das kann unangenehm werden.

Manche haben schon Probleme, deinen Kumpel zu dulden – und wenn dieser Kumpel dann noch ein Mädchen ist, wird's meistens richtig kompliziert. Da kannst du noch so oft erzählen, dass nichts läuft zwischen ihr und dir, sie wird es trotzdem bezweifeln. (S. auch Abschnitte: »Wieso will sie ständig mit mir zusammen sein und versteht nicht, dass ich außer ihr noch Kumpels habe und im Fußballverein aktiv bin?« und »Warum sind Mädchen oft schon eifersüchtig, wenn man sich mit einer anderen nur unterhält?«, S. 174 und 175)

WARUM SEHEN SICH MÄDCHEN DENSELBEN LIEBESFILM IMMER WIEDER AN UND WEINEN DABEI?

Kevin (14):
»Ich gehe total gerne ins Kino oder schaue mir zu Hause einen Film an. Aber wenn ich den dann gesehen habe, ist es auch gut. Meine Schwester (16) und ihre Freundin (16) aber sehen immer dieselben Filme: ›Titanic‹, ›P.S. Ich liebe Dich‹ oder einen der ›Twilight‹-Filme. Und jedes Mal weinen sie und sind ganz gerührt. Das sind doch nur Filme und nicht die Wirklichkeit. Ich finde das voll doof. Warum tun sie das?«

Liebesfilme bringen Mädchen und Frauen oft zum Weinen. Sie fühlen und fiebern mit den Darstellern mit und sind bei der emotionalen Handlung mit ihrem ganzen Herzen dabei. Und wenn's dann tragisch oder traurig wird, dann fließen eben Tränen. Na und?

Auch Jungen würden öfter weinen, wenn ihnen unsere Gesellschaft nicht immer noch unterschwellig vermitteln würde, dass das unmännlich ist und dass Männer keine »Gefühlstanten« sind. Auch wenn du nicht so altmodisch erzogen worden bist, so signalisiert dir das gesellschaftliche Umfeld doch immer wieder, dass es besser ist, wenn du deine Tränen im Griff hast. Da haben es Mädchen leichter. Sie haben übrigens nichts dagegen, wenn auch du deine Gefühle zeigst und bei einem Film mal weinst.

Dass Mädchen sich denselben Film immer wieder ansehen, obwohl sie ihn fast schon auswendig kennen und genau wissen, dass sie wieder weinen müssen, ist für die meisten Jungen nicht nachzuvollziehen. Aber sie tun das, weil sie gerne ihre Gefühle ausleben und weil Filme oft ihre eigenen Träume widerspiegeln.

Beispiel »Twilight - Bis(s) zum Morgengrauen«: Eig geheimnisvoller, >besonderer< Junge, ein Kavalier und edler Ritter, begegnet der Protagonistin, aber es ergeben sich große Schwierigkeiten, er gehört nicht nur zu einer anderen Art, auch von außen wird die beginnende Beziehung bedroht. Am Ende jedoch finden die beiden trotz aller Widrigkeiten zusammen. In der Fortsetzung kämpft dann auch noch ein weiter außergewöhnlicher Mann um ihre Gunst, doch durch den Vampirbiss wird letztlich die ewige, wahre Liebe möglich.

Da die Wirklichkeit oft viel weniger geheimnisvoll, aufregend und romantisch ist, tauchen Mädchen gerne mit einem Film für zwei Stunden ab und träumen einfach, wie schön es doch sein könnte, wenn sie auch einem solchen Traummann begegnen würden.

Oder Beispiel »Titanic«: Er rettet ihr das Leben und gibt am Ende seines dafür. Das ist wahre Liebe – Liebe bis in den Tod. Ergreifend, traurig und dennoch wunderschön. Ein Stoff, der Tränen geradezu erzwingt – und der Mädchen und Frauen vom starken, sanften Helden träumen lässt.

WIESO GEHEN MÄDCHEN SO GERNE SHOPPEN UND KAUFEN DINGE, DIE SIE EIGENTLICH GAR NICHT BRAUCHEN?

Stadtbummel und ein bisschen shoppen – das lieben die meisten Mädchen und Frauen. Sie wollen sich umsehen, anprobieren, sich inspirieren lassen. Dabei haben sie gar nicht immer vor, etwas zu kaufen. Aber weil die Versuchung sehr groß ist, greifen sie schon auch mal zu. Vor allem dann, wenn es sich ihrer Meinung nach um ein Schnäppchen handelt. Ob sie es wirklich brauchen, spielt in diesem Moment keine Rolle. Da zählt nur die Freude am Kaufen und darüber, etwas erstanden zu haben, was ihnen gerade in diesem Moment gefällt und auch noch günstig ist.

Du fühlst dich möglicherweise im Elektromarkt wohl und lässt dich von Computerspielen verführen, obwohl du die ja auch nicht unbedingt brauchst. Mädchen stöbern lieber in Klamottenläden oder Geschenke-Shops herum. So hat eben jeder seine Vorlieben. Mit ein bisschen Toleranz dürfte das kein Problem sein.

Übrigens: Es gibt auch eine ganze Menge Jungen, die sich gerne modisch anziehen und auch entsprechend oft in der Textilabteilung anzutreffen sind. Es sind also nicht nur die Mädchen.

Man sagt oft: »Männer gehen einkaufen, Frauen shoppen.« Du fragst dich, wo der Unterschied liegt. Ganz einfach: Männer wollen sich z. B. eine Hose kaufen, gehen in den Laden, probieren sie an – und wenn sie passt, wird sie gekauft. Fertig. Raus aus dem Laden, weg hier!

Bei Frauen läuft das ganz anders ab. Sie sucht erst ein paar Hosen aus und verschwindet dann damit in der Umkleidekabine. Zwei kommen in die engere Auswahl. Doch eine macht einen dicken Hintern, die andere ist schlecht verarbeitet und sieht doch nicht so gut aus. Also weitersuchen. Nebenbei sieht sie noch die hübschen Blusen am Ständer hängen und schaut die durch. Mal gucken, ob da was für sie dabei ist. Sie nimmt zwei mit in die Kabine. Die Zeit verstreicht. Wenn du dabei bist, geht dir das inzwischen schon ganz schön auf die Nerven. »Jetzt nimm endlich was, ich will hier raus!«, sagst du. Doch sie braucht noch ein bisschen, um am Ende festzustellen: »Ist doch alles nicht so gut und auch zu teuer. Ich glaube, ich lass das mal. Komm, wir gehen!«

Dir bleibt die Spucke weg. Da probiert sie ewig herum, und am Ende kauft sie gar nichts! Was hättet ihr in dieser Zeit nicht alles machen können? Du musst dich sehr beherrschen, dass du jetzt nichts Böses sagst. Schluck es runter, denn sonst gibt es nur Streit – und nächstes Mal läuft es wieder genauso ab. Das ist eben auch »typisch Frau«!

Um Konflikte zu vermeiden, ist es deshalb besser, wenn sie alleine oder mit einer Freundin zum Bummeln geht – und ihr trefft euch danach irgendwo. Das Einkaufsproblem bleibt dir wahrscheinlich für den Rest deines Lebens erhalten. Denn wenn Frauen shoppen gehen, haben sie für nichts anderes Augen und Ohren. Auch nicht für dich.

OBWOHL SIE UNZÄHLIGE KLAMOTTEN UND SCHUHE IM SCHRANK HAT, BEHAUPTET SIE, DASS SIE NICHTS ANZUZIEHEN HÄTTE. WARUM?

Das ist reine Koketterie – und das lieben Mädchen. Sie weiß natürlich selbst, dass sie einen Schrank voller Sachen hat. Insgeheim wünscht sie sich vielleicht, dass du mit ihr zusammen begutachtest, was ihr besonders gut steht und was dir gefällt. Eine kleine Modenschau, bei der sie dir einiges vorführt und auch Komplimente erwartet. Wie wär's damit?

Der Seufzer »Ich habe überhaupt nichts anzuziehen« ist gleichzeitig eine Ankündigung, dass sie demnächst etwas Neues braucht, also shoppen gehen muss. Stelle dich schon mal darauf ein.

ICH WERDE IN DER CLIQUE VERÄPPELT, WEIL ICH NOCH KEINE FREUNDIN HABE UND AUCH KEINEN SEX HATTE. SOLL ICH DEN ANDEREN ETWAS VORSCHWINDELN?

Christian (14):
»Ich habe noch nie mit einem Mädchen geschlafen. In meiner Clique werde ich deshalb >Milchbubi< genannt und veräppelt. Einer hat sogar gesagt, er würde mir jetzt mal eine besorgen, die ganz scharf ist, die würde mir das dann schon beibringen. Aber so will ich das auf keinen Fall. Nun überlege ich, ob ich ihnen nicht einfach vorschwindele, dass ich schon lange vor ihnen Sex hatte, aber damit eben nicht herumprahle.«

Es gibt keine Regel, ab wann man eine Freundin und Sex haben muss. Manche fangen damit früher an, andere erst später. Alles ist normal, es liegt allein an dir, wann du dich bereit dafür fühlst. Auf keinen Fall solltest du dich durch dumme Kommentare anderer unter Druck setzen lassen.

Du solltest auch nicht alles glauben, was sie erzählen. Sie tragen oft nur dick auf, um besonders erfahren zu wirken, aber in Wirklichkeit haben sie bis jetzt genauso wenig oder viel erlebt wie du.

Wenn es dir guttut und du dich besser fühlst, den anderen diesbezüglich etwas vorzuschwindeln, kannst du es ruhig tun. Aber überlege auch, ob du das wirklich nötig hast und ob das die richtige Clique für dich ist. Es geht andere nämlich überhaupt nichts an, ob du schon Erfahrungen gesammelt hast oder nicht. Das ist dein Privatleben, und das gehört ausschließlich dir.

WORAN LIEGT ES, DASS MANCHE JUNGEN JEDES MÄDCHEN RUMKRIEGEN KÖNNEN, UND ICH BEKOMME NICHT MAL EINE?

Wenn du siehst, wie manche Jungen bei Mädchen landen können, dann wirst du richtig neidisch. Sie werden angehimmelt, umworben und brauchen nur einmal mit dem Finger zu schnippen – und schon stehen die hübschesten Mädchen Schlange. Das würde dir natürlich auch gefallen. Klar!

Und du? Von dir will keine was? Dir macht keine schöne Augen, du fällst ihnen überhaupt nicht auf. Du fragst dich: Woran liegt es, dass keine auf mich abfährt? Was mache ich bloß falsch? Bin ich vielleicht zu hässlich oder noch nicht männlich genug? Wenn du ein bestimmtes Mädchen gut findest und mehr von ihr willst, dann musst du dir etwas einfallen lassen, um sie auf dich aufinerksam zu machen. Da ist deine Fantasie gefragt.

Versuche, dich in ihrer Nähe aufzuhalten, und passe eine günstige Gelegenheit ab, um sie anzusprechen. Frag sie nach ihrer Telefonnummer. Dann kannst du ihr mal eine SMS schreiben und dich ihr so nähern. Wenn sie die Nummer nicht rausgeben will, hat sie wohl kein Interesse. Dann vergiss es. Es gibt ja noch andere Mädchen. Schon bald wirst du eine entdecken, die dir auch gefällt. Und dann probierst du es eben wieder. Mädchen wollen erobert werden, die meisten gibt es nicht umsonst (s. auch Abschnitt: »Bin ich ihr Typ? Woran erkenne ich, dass sie in mich verliebt ist?«, S. 27).

Denke bloß nicht, du müsstest ähnlich vorgehen wie die Jungen, die jede haben können. Denn das funktioniert nicht, weil du ein ganz anderer Typ bist. Du musst die Sache auf deine Weise angehen. Nur dann kannst du am besten Eindruck machen.

Vergiss irgendwelche blöden Anmach-Machosprüche und spiel nicht den coolen, schlagfertigen Typ, der du in Wirklichkeit gar nicht bist. Sei einfach du: ehrlich, authentisch, selbstbewusst, zuvorkommend und charmant. Das mögen Mädchen. Die Aufschneider und Sprücheklopfer finden sie zwar erst mal ganz lustig und unterhaltsam, aber so einen wollen sie meist nicht als richtigen Freund.

Wenn du zu schüchtern bist, um ein Mädchen live anzubaggern, dann bietet sich noch der Weg übers Internet an. Dort gibt es bekanntlich eine große Zahl von Flirtmöglichkeiten. Der Vorteil: Du bist erst einmal anonym und stehst nicht persönlich vor ihr. Auch eine Abfuhr ist dann anonym und tut meist nicht so weh, weil du sie ja nie in Wirklichkeit gesehen hast.

Doch richtig funktionieren kann dieser Weg nur, wenn ihr beide bereit seid, ab einem gewissen Punkt aus der Anonymität aufzutauchen und euch leibhaftig in die Augen zu schauen. Wer nur eine virtuelle Freundin hat und sie nie wirklich kennenlernt, wird damit sicher nicht glücklich. Was nützen schon 20 anonyme Internet-Bekanntschaften? Wer eine richtige Beziehung will, muss etwas von sich preisgeben und auf den anderen eingehen (s. auch Abschnitt: »Kann aus einem Internet-Flirt etwas Ernstes werden?«, S. 31).

WARUM VERABREDET SIE SICH MIT MIR UND BRINGT DANN EINE FREUNDIN MIT?

Du freust dich auf ein Date mit dem Mädchen deiner Träume – und dann kommt sie mit ihrer Freundin. Du bist mehr als überrascht: Das hattest du nicht erwartet. Was soll das bedeuten? Will sie nicht mit dir alleine sein? Warum hat sie dann nicht gleich abgesagt?

Wenn du zum allerersten Mal mit ihr verabredet bist und sie kommt in Begleitung, dann kann es sein, dass sie dich erst mal testen will – wie du so bist, wie du darauf reagierst und wie du damit umgehst. Sie will sich nicht nur selbst eine Meinung von dir bilden, sondern auch die ihrer Freundin wissen und dich versteckt auch ihr präsentieren. Unterschätze das nicht, die beste Freundin hat einen sehr hohen Stellenwert im Leben eines Mädchens.

Bist du ernsthaft an ihr interessiert, dann musst du da durch. Verhalte dich so souverän wie möglich, und sag, was du fühlst: »Ich bin jetzt etwas irritiert, dass ihr zu zweit kommt. Aber gut, ist ja auch nett. Wollen wir zusammen in ein Cafe gehen?« Je sicherer und ehrlicher du auftrittst, desto besser wirst du anschließend »bewertet« – und dann steht einem neuen Treffen zu zweit nichts im Wege. Denn dann wird die Freundin das Mädchen darin bestärken, dass sie richtig liegt mit dir.

Doch viele Mädchen werden sich gut überlegen, ob sie ihrer Freundin wirklich so sehr vertrauen können, dass sie sie zu so einem wichtigen Treffen mitnehmen. Denn es gibt tatsächlich immer wieder diese dummen Zufälle, dass es dann am Ende zwischen der Freundin und dem Jungen funkt – und nicht zwischen ihr selbst und ihm.

Bringt ein Mädchen, mit dem du schon länger zusammen bist, öfter ihre Freundin mit, dann solltest du offen mit ihr darüber reden, ob es einen Grund dafür gibt, dass sie das tut. Vielleicht will sie nicht mehr mit dir alleine sein – und wenn ja, warum? Wo liegt das Problem?

Oder tut sie es aus purer Gedankenlosigkeit? Das wäre etwas rücksichtslos. Oder deswegen, weil sie sowohl mit ihr als auch mit dir zusammen sein will? Dann muss sie sich entscheiden, wann sie sich wem widmet. Dich und die Freundin einfach unter einen Hut zu pressen, ist keine gute Idee. In jedem Fall ist dann eine Aussprache zwischen dir und ihr angesagt (s. auch Abschnitt: »Wieso stecken Mädchen so gern mit ihrer Freundin zusammen und erzählen ihr alles?«, S. 163).

WIESO VERSTEHEN ES VIELE MÄDCHEN NICHT, WENN MAN MAL ZU VIEL GETRUNKEN ODER GEKIFFT HAT?

Constantin (17):
»Wenn ich am Wochenende weggehe, trinke ich meist etwas mehr Alkohol. Ich finde das nicht so schlimm, aber meine Freundin dreht dann jedes Mal durch. Sie kann es nicht leiden, wenn ich betrunken bin, und macht mir eine Szene. Sie versteht einfach keinen Spaß. Letztes Mal ist sie einfach gegangen, ohne sich zu verabschieden. Wieso soll ich mir von ihr vorschreiben lassen, wie viel ich trinken darf?«

Wenn Jungen und Männer zusammensitzen, schlagen sie gerne mal über die Stränge. Und dann wird getrunken und gekifft, weil's die anderen auch tun. Da will keiner kneifen und seiner Freundin wegen nicht mitmachen. Du fürchtest insgeheim, die anderen könnten sonst glauben, du stündest unter dem Pantoffel. Dabei könntest du deine Stärke viel mehr beweisen, indem du aus der Reihe tanzt und sagst: »Ich brauche das Zeug nicht, ich find's auch lustig, wenn ich nüchtern bin!« Und deine Freundin könnte stolz sein auf dich. Aber das erfordert viel Mut. Probiere es doch einfach mal. Um Spaß zu haben, braucht man keinen Alkohol und schon gar kein Wettsaufen. Das kann lebensgefährlich sein für dich.

Ist es nicht nur der Druck der Gemeinschaft, der dich dazu verleitet, dann frage dich selbst, und sei ehrlich zu dir: Muss ich wirklich so viel trinken?

Warum gebe ich mir die volle Dröhnung? Welche Probleme will ich für ein paar Stunden einfach mal so wegbeamen? Was ist es, das mich so belastet, dass ich es mit Alkohol und/oder Drogen zuschütten muss? Vor welchen Problemen versuche ich zu flüchten? Warum muss ich trinken, um Spaß zu haben?

Wenn du versuchst, deine Schüchternheit durch Alkohol auszuschalten, wirst du ein böses Erwachen erleben: Am nächsten Tag ist sie wieder da! Und das Mädchen, das dir so gefallen hat, ist weg. Weil sie dich in deinem Rausch gar nicht richtig ernst genommen und gespürt hat, dass du in Wirklichkeit wahrscheinlich ganz anders bist. Sie hätte dich viel lieber so erlebt, wie du wirklich bist. Aber mit dem Alkohol hast du dir ein Eigentor beschert.

»Natürlich trinkt jeder mal zu viel – das ist doch nicht so schlimm«, meinen viele und verharmlosen damit die Wirkung von Alkohol. Doch nur weil dieses Gift gesellschaftsfähig ist, ist es noch lange nicht empfehlenswert. Ein strenges Urteil, aber in Anbetracht der Auswirkungen realistisch. Wenn du dich mal ein bisschen umhörst, wirst du feststellen, wie viele Familien zerbrechen, weil Vater oder Mutter Alkoholiker sind. Wenn du selbst davon betroffen bist, dann weißt du genau, wovon hier die Rede ist, und solltest alles tun, um gegenzusteuern, damit du nicht auch in diesen Alkoholstrudel gerätst und dir damit dein Leben verbaust.

Wenn du dich regelmäßig betrinkst oder vollkiffst – auch allein, nicht nur im Kreise der Clique –, dann bist du stark suchtgefährdet und solltest schnellstmöglich eine Kehrtwende machen und dich an eine Drogenberatungsstelle wenden.

Mädchen und Frauen können mit vollgepumpten Jungen und Männern nichts anfangen. Der Berauschte ist nicht der, den sie kennen und lieben, sondern meist nur noch ein trauriger Schatten seiner selbst.

In der Regel bringt das Probleme mit sich. Zu viel Alkohol oder auch Haschisch sind in vielen Beziehungen ein großes Thema und gehören zu den häufigsten Trennungsgründen – wobei nicht immer nur die Männer diejenigen sind, die ein Alkohol- bzw. Drogenproblem haben. Auch mehr und mehr Frauen trinken zu viel.

WORAN LIEGT ES, DASS MÄDCHEN OFT SCHLECHT GELAUNT SIND, WENN SIE IHRE TAGE HABEN?

Die schlechte Laune eines Mädchens ist besonders ausgeprägt, bevor ihre Periode beginnt. Das nennt man »Prämenstruelles Syndrom« (PMS). Meist stabilisiert sich die Stimmung wieder, wenn die Blutung eingetreten ist. Bei manchen hält diese kleine Depression in den ersten Tagen aber auch noch an. Fast 75 Prozent der Frauen leiden unter diesen Symptomen – Müdigkeit, Reizbarkeit, Stimmungsschwankungen, depressive Verstimmung oder Bauchschmerzen. Für einige Mädchen ist die Belastung dadurch so groß, dass ihr Tagesablauf stark beeinträchtigt ist.

Die schlechte Laune reicht von weinerlich und höchst empfindlich bis zu aggressiv und explosiv. Sie entsteht durch Hormonschwankungen zur Zeit der Periode. Wie aber kannst du als Junge damit am besten umgehen? Du willst deine Freundin ja nicht noch zusätzlich reizen, obwohl du manchmal das Gefühl hast, du kannst ihr überhaupt nichts recht machen, wenn sie so drauf ist.

Sag ihr einfach ein paar nette Worte, und betone, wie sehr du sie magst. Zum Beispiel so: »Ich hab dich total lieb, und ganz besonders dann, wenn du so launisch bist.« Dann muss sie unweigerlich lachen – und der Schlechte-Laune-Bann ist gebrochen. Mädchen sind gerade in dieser Phase ihres Zyklus für Lob und Belohnungen sehr empfänglich, ja, sie lechzen geradezu danach.

WARUM GEHEN MÄDCHEN ZUM FRAUENARZT, OBWOHL SIE NICHT KRANK SIND?

Ein Besuch bei der Frauenärztin oder dem Frauenarzt, auch Gynäkologe genannt, ist vielen Mädchen sehr unangenehm. Vor allem, wenn sie zum ersten Mal hingehen. Doch warum tun sie das dann, wenn ihnen gar nichts wehtut, wenn sie keine Schmerzen haben?

Ganz einfach: Weil die körperliche Entwicklung vom Mädchen zur Frau mit vielen Veränderungen verbunden ist, die alle in den richtigen Bahnen verlaufen müssen. So ist es z. B. nötig, einen Frauenarzt aufzusuchen, wenn ein Mädchen mit 15 oder 16 Jahren noch keine Periode hat oder eine sehr unregelmäßige. Auch Beschwerden wie Jucken oder Brennen im Scheidenbereich bzw. der Schamgegend, Schmerzen im Unterleib, verfärbter oder übel riechender Scheidenausfluss oder veränderte Brüste erfordern einen Arztbesuch.

Ein anderer häufiger Anlass ist das beginnende Sexualleben eines Mädchens. Wenn sie mit einem Jungen schlafen möchte, geht es auch um Verhütung. Will sie die Pille nehmen, muss sie darüber mit dem Gynäkologen sprechen, der durch eine Untersuchung abklärt, ob er sie ihr verschreiben kann oder nicht. Schließlich handelt es sich dabei um ein Hormonprodukt, das nicht unkontrolliert eingenommen werden darf Deshalb gibt es die Pille nur auf Rezept. Eine Frau, die sich für diese Verhütungsmethode entschieden hat, sollte auch alle sechs Monate zum Check beim Frauenarzt gehen.

OBERSTEBRINK

Alles, was Mädchen über Jungen wissen wollen

Typisch Jungen!

Trude Ausfelder

TYPISCH JUNGEN!

ALLES, WAS MÄDCHEN ÜBER JUNGEN WISSEN WOLLEN

Der Junge, das fremde Wesen. Jungs sind anders als Mädchen – oder? Warum sind sie oft so unromantisch, woran können Mädchen merken, dass ein Junge in sie verliebt ist und worüber unterhalten sich Jungen, wenn sie unter sich sind? Auf viele Fragen und Vorurteile, die Mädchen über Jungen haben, gibt es hier Antworten. Auch auf das wichtige Thema Liebe und Sex geht die Autorin ein. So fördert dieses Buch das Verständnis der Geschlechter untereinander – ernsthaft, ausführlich, aber stets mit einem leichten Schmunzeln. Ein absolutes Muss für alle Mädchen!

Trude Ausfelder
Broschur, 176 Seiten
4-fbg. Abb. und Illustrationen
12,–€ [D], 12,40€ [A]
ISBN 978-3-934333-47-5

VON KINDERÄRZTEN UND ELTERN EMPFOHLEN

Die Bücher der Oberstebrink Eltern-Bibliothek sind leicht verständlich und unterhaltsam geschrieben. Alle Ratschläge lassen sich einfach im täglichen Familienleben umsetzen und anwenden. Deshalb werden die Bücher laufend von Kinder- und Jugendärzten, Hebammen, ErzieherInnen, LehrerInnen und Familien-TherapeutInnen eingesetzt und empfohlen.
Alle Autoren sind Experten für das Thema ihres Buches.
Sie haben durch ihre tägliche praktische Arbeit große Erfahrung und sind auf dem neuesten Wissensstand.

DAS A•D•S-BUCH

NEUE KONZENTRATIONS-HILFEN FÜR ZAPPELPHILIPPE UND TRÄUMER: DAS OPTIMIND®-KONZEPT

Aust-Claus/Hammer
Hardcover, 320 S.
4-fbg. Abb. und Illustr.
19,80 € [D]/20,40 € [A]
ISBN 978-3-98044-936-6

DAS A•D•S-ERWACHSENEN-BUCH

AUFMERKSAMKEITS-DEFIZIT-SYNDROM: NEUE KONZENTRATIONS UND ORGANISATIONSHILFEN

Aust-Claus/Claus/Hammer
Hardcover, 320 S.
4-fbg. Abb. und Illustr.
19,80 € [D]/20,40 € [A]
ISBN 978-3-934333-06-2

HOCHBEGABT – UND TROTZDEM GLÜCKLICH

WAS ELTERN, KINDERGARTEN UND SCHULE TUN KÖNNEN

Horsch/Müller/Spicher
Hardcover, 432 Seiten
4-fbg. Fotos, Abb. und Illustr.
24,90 € [D]/25,60 € [A]
ISBN 978-3-934333-44-4

PUBERTÄT

ELTERN-VERANTWORTUNG UND ELTERNGLÜCK

Haug-Schnabel
Hardcover, 224 Seiten
4-fbg. Fotos und Abb.
14,95 € [D]/15,20 € [A]
ISBN 978-3-934333-35-2

Mehr unter www.oberstebrink.de